DESTINO PROFÉTICO

© 2024 – **Nerea de Osorto**

Todos los derechos reservados.

Ninguna porción de este libro podrá ser reproducida, almacenada en ningún sistema de recuperación, o transmitida en cualquier forma o por cualquier medio–mecánico, fotocopia, grabación u otro–excepto citas breves, sin la autorización previa por escrito del autor.

Todos los textos bíblicos provienen de la Versión Reina Valera Actualizada, Copyright © 2015 Editorial Mundo Hispano a menos que se indique otra. El texto bíblico indicado con NTV ha sido tomado de la Santa Biblia, Nueva Traducción Viviente, © Tyndale House Foundation, 2010. Usado con permiso de Tyndale House Publishers, Inc., Carol Stream, IL 60188, Estados Unidos de América. Todos los derechos reservados. El texto bíblico indicado con NVI ha sido tomado de la Santa Biblia, Nueva Versión Internacional © 1999 por Biblia, Inc. Usado con permiso. El texto bíblico indicado con RVR60 ha sido tomado de la versión Reina-Valera © 1960 Sociedades Bíblicas en América Latina; © renovado 1988 Sociedades Bíblicas Unidas. Utilizado con permiso. El texto bíblico indicado con NBLA ha sido tomado de la Nueva Biblia de las Américas, Copyright © 2005 por The Lockman Foundation. Usadas con permiso. www.NuevaBiblia.com.

Todos los énfasis en las citas de las Escrituras son por parte del autor.

DESTINO PROFÉTICO

*DESCUBRE Y CONQUISTA
EL PLAN DE DIOS PARA TU VIDA*

NEREA DE OSORTO

Contenido

Prólogo	1
Introducción	3
Parte I	7
Fundamentos del Destino Profético	
1. Eternidad y Preexistencia	9
2. Tienes un Destino Profético	17
3. Conociendo la Voluntad de Dios	29
Parte II	41
Enemigos del Destino Profético	
4. Primer Enemigo: Falta de Revelación	43
5. Segundo Enemigo: La Desobediencia	59
6. Tercer Enemigo: El Pecado	85
7. Cuarto Enemigo: La Impaciencia	111
8. Quinto Enemigo: El Desánimo	133
9. Sexto Enemigo: La Indiferencia	158
10. Séptimo Enemigo: El Temor	173
11. Irrumpe en tu Destino Profético	205
Sobre Nerea de Osorto	231

Prólogo

Destino Profético te invita a entrar en el reino de los cielos, donde se te permite descubrir quién eres en Jesucristo. Es un viaje de descubrimiento, lleno de aventuras y emoción, que revelará los dones y el destino que Él preparó para ti incluso antes de que se establecieran los cimientos del mundo.

> *Así como [en Su amor] nos escogió en Cristo [de hecho nos seleccionó para Sí mismo como suyos] antes de la fundación del mundo, para que fuéramos santos [es decir, consagrados, apartados para Él, impulsados por un propósito] y sin mancha delante de Él. En amor Él nos predestinó y amorosamente planeó que fuéramos adoptados como hijos suyos por medio de Jesucristo, de acuerdo con el propósito y beneplácito de Su voluntad. (Efesios 1:4-5, traducción del autor)*

Al leer este libro, descubrirás cuán íntimo es Dios contigo y cómo Su deseo es que comprendas el destino y los dones que ya residen en ti. Comenzarás a verte a ti mismo de la manera en que Dios Todopoderoso te ve: alguien creado de manera asombrosa y maravillosa a la imagen de Dios, para ser un transformador del mundo y un creador de historia.

Las ideas en estas páginas te ayudarán a aumentar tu confianza e influencia en tu familia, tu iglesia, tu lugar de trabajo y el mundo que te rodea. A medida que el Espíritu de revelación venga a ti, te acercará más a Dios y te capacitará para vivir en la plenitud de tu destino y propósito.

> *Esto es lo que Yahweh dice: "Sé todo acerca del maravilloso destino que tengo reservado para ti, un futuro planeado en detalle. Mi intención no es hacerte daño, sino rodearte de paz y prosperidad y darte un futuro hermoso, resplandeciente de esperanza. Cuando me invoques y vengas a mí en oración, escucharé cada una de tus palabras". (Jeremías 29:11-12 TPT)*

La profeta Nerea es una querida amiga cuyo ministerio ha impactado a miles. Su ejemplo de caminar una vida llena del amor, la revelación y la bondad de Dios ha tocado nuestro corazón. Tienes en tus manos el fruto de sus años de colaboración con el Señor, como profeta, intercesora y amiga de Dios. ¡Prepárate para experimentar tu propósito arraigado en el amor y el favor de Dios!

Destino Profético te invitará a reflexionar sobre tus propias experiencias para descubrir el destino que está en ti y que anhela expresarse de manera única. Leer este libro es como ser guiado en tu propósito profético por la propia profeta Nerea. ¿Quién de nosotros no apreciaría este tipo de privilegio?

Disfruta el viaje mientras descubres lo que está disponible para ti. Permite que el hambre y la sed se despierten dentro de ti. ¡Descubre los pensamientos, sueños y diseños que Dios ha depositado en ti para que todos los vean!

¡Para un momento como este!

Steven Springer
Presidente y cofundador de Global Presence Ministries
Líder Senior de Global Presence Center Dallas/Fort Worth, TX
Supervisor apostólico de Global Presence Apostolic Network
Autor de *The Fire of Perfect Love*
Orador internacional

Introducción

Tengo la firme convicción de que ninguno de nosotros estamos sobre esta tierra por accidente. Nadie nació producto del azar o llegó al Señor simplemente para calentar una banca, sino que hay un destino único que ha sido trazado desde la fundación del mundo para nuestras vidas.

Puede que tu llegada haya sido repentina. Quizá eres fruto de una relación extramarital, fuiste el hijo menos esperado, o rompiste alguna cirugía de esterilidad. Debes saber que tu vida no es una casualidad, sino que Dios la ha preordenado con muchísima antelación desde antes que estuvieses en el vientre de tu madre. Esa es la convicción que expresa el rey David cuando escribió:

> *Porque tú formaste mis entrañas;*
> *Tú me hiciste en el vientre de mi madre.*
> *Te alabaré; porque formidables, maravillosas son tus obras;*
> *Estoy maravillado,*
> *Y mi alma lo sabe muy bien.*
> *No fue encubierto de ti mi cuerpo,*
> *Bien que en oculto fui formado,*
> *Y entretejido en lo más profundo de la tierra.*
> *Mi embrión vieron tus ojos,*
> *Y **en tu libro** estaban escritas todas aquellas cosas Que fueron luego formadas,*
> *Sin faltar una de ellas. (Salmos 139:13-16)*

Este pasaje nos revela que hay un libro en el cual ya está predestinada tu vida, donde Dios escribió con su dedo acerca de ti. Ese es el libro que vio el salmista David. Aun cuando nada existía aquí en la tierra, ya estaba escrito tu destino. Dios había comenzado y terminado su obra al mismo tiempo. ¡Qué maravilloso!

Todo lo que Dios ha dispuesto primero se escribe en un libro del cielo. Su propósito es gestado desde el cielo antes de que se pueda hacer realidad en la esfera terrenal. Podemos decir que antes de que llegamos a existir en la Tierra, primero fuimos una palabra escrita en un libro.

> *Pues somos hechura suya, creados en Cristo Jesús para buenas obras, las cuales* ***Dios preparó de antemano*** *para que anduviéramos en ellas. (Efesios 2:10)*

La palabra traducida en este pasaje como "hechura", en el griego significa "poema". Somos el poema de Dios que fue escrito en el cielo, y que ahora ha entrado a la Tierra, para cumplir con un propósito específico que estaba en el corazón del Padre. El Señor tiene un plan único para nosotros, y Él es quien designa cuál será la asignación para cada uno.

A veces existe tanta frustración dentro de la iglesia porque muchos se la pasan imitando el destino de otros, intentando ser como alguien más. Imitan la forma de hablar, de vestir y hasta de caminar de alguna otra persona o ministro. Cuando pones tu pie en un zapato que es demasiado pequeño, al final del día te dolerá el pie; y si usas un zapato demasiado grande, tienes peligro de tropezar y caerte. Debes usar un zapato ajustado a tu medida. Y eso es lo que Dios hizo para ti y para mí, un diseño único y exclusivo.

Yo nunca me imaginé que Dios podía usarme a mí, a mi esposo y mi familia. Recuerdo que estábamos pasando por un tiempo de mucha prueba, y un pastor amigo venía a visitarnos, pero yo no quería oírlo porque siempre me decía lo mismo. Él venía, se sentaba con su guitarra en nuestra sala y adorábamos. Y de pronto salía la palabra profética: "Ni siquiera imaginas lo que Dios hará contigo". Yo me quebrantaba, pero no lloraba por la palabra, sino porque no quería saber esto en ese momento. Lo que yo quería saber desesperadamente era cómo iba a salir del problema por el que estaba pasando.

¿Le ha sucedido que ha pasado por alguna prueba y quiere que Dios le explique cómo va a resolver su situación? En cambio, Él mira lo que colocó dentro suyo y comienza a hablarle de llamado, de naciones, pero probablemente no quieres saber eso en ese momento, sino cómo vas a resolver tu adversidad. Debes saber que Dios está más interesado en que conozcas el destino que está escrito en su libro, y en que le abras espacio en tu espíritu y corazón para que sepas qué es lo que se habla de ti desde antes de la fundación del mundo.

Cuando el Señor se para delante de ti, no lo detiene tu presente, por oscuro que sea, sino que hablará sobre tu vida aquello que ya depositó en tu interior. Él irá al libro que lleva tu nombre, te mostrará todo aquello que ya está escrito y te conectará a la vía correcta que te llevará al cumplimiento de cada palabra.

Parte I

Fundamentos del Destino Profético

1

Eternidad y Preexistencia

Desde el principio de los tiempos, Dios ha pensado, hablado y ejecutado su plan con precisión divina. La creación misma es testimonio de esto. Todo lo que Dios creó, lo pensó, lo habló y fue hecho. ¿Qué es lo que Dios habló de ti al crearte? Si el Señor te formó y dio vida, es porque tiene un plan para ti.

Piensa en cuántos personajes bíblicos tuvieron encuentros transformadores con Dios, en los que Él les reveló su futuro y destino. Considera a María, quien recibió la visita del ángel Gabriel que le mostró el propósito divino para su vida y ella, con fe y valentía, aceptó el llamado. En el Génesis, encontramos a José, a quien Dios reveló a través de sueños el papel crucial que desempeñaría en el futuro. El rey David tuvo una revelación tan profunda de esto que pudo decir: *"Tus ojos vieron mi embrión y en tu libro estaba escrito todo aquello que a su tiempo fue formado, sin faltar nada de ello"* (Salmos 139:16). Estas historias no son simples relatos antiguos, sino ejemplos vivos de cómo Dios desea que nos conectemos con su eternidad para entender el plan que tiene para cada uno de nosotros.

A lo largo de mi vida, he experimentado de manera tangible esta conexión divina. Desde niña, comencé a tener sueños, visiones y experiencias que me vinculaban al plan que Dios había trazado para mí. Aunque en ese momento no comprendía completamente estas revelaciones, veía cómo cada una se cumplía con el tiempo. Incluso antes de conocer a Jesús y entregar mi vida a Él, ya Dios me estaba mostrando lo que quería hacer en mi vida.

He visto también cómo muchas personas reciben revelaciones de su destino profético, pero debido al desánimo, el pecado, la desobediencia y otros factores, no logran llegar al cumplimiento del plan de Dios en sus vidas.

Conocer tu destino profético produce esperanza y expectativa. Aun cuando enfrentas situaciones difíciles, puedes recordar que Dios hará en ti todo lo que ha determinado, como está escrito en el libro de Job (23:14).

En mis tiempos de dificultad, oro al Señor y le pido: "Dios, abre el libro de la vida donde está escrito mi destino profético y abre mis sentidos espirituales para conectarme, ver y entender el camino y las coordenadas para el tiempo que estoy viviendo". Mi oración es que eso también suceda en tu vida. Que puedas conectarte profundamente con Dios y descubrir el plan maravilloso que Él tiene para ti. Que cada revelación divina sea un faro de esperanza que te guíe a través de cualquier adversidad, recordándote siempre que tu *Destino Profético* está seguro en las manos de Dios.

Eternidad: la Habitación de Dios

¿Cómo es posible que Dios pueda hablarnos de cosas tan maravillosas preparadas para nosotros? ¿Acaso Él no conoce nuestro pasado? ¿Será que pasa por alto nuestro presente? Una vez escuché una frase que decía: "Aquel que te conoce desde el principio, sabe también el final de tu historia". Una de las cualidades más hermosas de la naturaleza de nuestro Dios, es que el es Alfa y Omega; es decir, que Él es el primero y el último, el principio y el fin de todas las cosas. Todo comienza en Él, y todo termina en Él.

> *Porque así dijo el Alto y Sublime, **el que habita la eternidad**, y cuyo nombre es el Santo: Yo habito en la altura y la santidad, y con el quebrantado y humilde de espíritu, para hacer vivir el espíritu de los humildes, y para vivificar el corazón de los quebrantados. (Isaías 57:15)*

En este pasaje, el profeta Isaías acaba de recibir una profunda revelación en su espíritu. Pudo contemplar al Señor como el Alto y Sublime, como el Santo de los santos, cuya morada es la eternidad. Esto significa que la habitación de Dios no está sujeta al tiempo cronológico que conocemos, con pasado, presente y futuro, sino al eterno presente de Dios, donde siempre es hoy y ahora.

El tiempo de los hombres es lineal y cronológico, perceptible a través de los sentidos naturales, no requiriendo revelación para ser comprendido. Basta con ver las noticias en la televisión, leer un periódico o conversar con los vecinos.

La eternidad es el tiempo perfecto en el que Dios habita, el *kairos*, donde Él inició y concluyó todas las cosas. Por lo tanto, cuando el Señor se presenta delante de ti, no consulta tu pasado ni se limita a tu situación presente, sino que te habla desde su tiempo eterno, donde ve tu vida como una obra completa y perfecta.

A menudo recibimos una palabra profética y comenzamos a dudar si verdaderamente proviene de Dios. Quizás estás atravesando un tiempo de escasez, sin un centavo en tus bolsillos y tu despensa vacía, y alguien se te acerca diciendo: "El Señor quiere bendecirte abundantemente, prosperarás y tus graneros rebosarán porque tienes la habilidad de crear riquezas". Sin embargo, la rechazas porque habla del futuro y no del problema presente que enfrentas.

En ocasiones, un profeta da una palabra a alguien cuyo testimonio es conocido por toda la iglesia, pero la palabra dada no tiene relación con la situación actual de esa persona. Entonces la gente murmura y se oyen comentarios como: "Parece que el profeta se equivocó", "¿Viste a quién le está diciendo que Dios usará poderosamente?", "¡No sabe en qué pecado anda!". Así es como se ha desacreditado a muchos verdaderos profetas. ¡Cuán difícil es entender la mente de Dios! Él tiene el poder de operar y penetrar en cualquier tiempo nuestro.

Hay personas que no pueden ver el diseño que Dios ha trazado para sus vidas porque están aferradas a su pasado o porque la prueba actual que enfrentan distorsiona su percepción. No puedes avanzar hacia el diseño perfecto de Dios si todavía guardas resentimientos de hace diez años o si recuerdos dolorosos no han sido sanados en tu mente. A menudo, sin darnos cuenta, hacemos alianzas con el enemigo cuando permitimos que emociones negativas como el temor, el rechazo, la angustia o el resentimiento obstaculicen el plan perfecto de Dios. Yo oraba al Señor pidiendo que ninguna emoción mía estuviera aliada al enemigo y que no impidiera la manifestación de Su tiempo perfecto en mi vida.

> *No os acordéis de las cosas pasadas, ni traigáis a memoria las cosas antiguas. He aquí que yo hago cosa nueva; pronto saldrá a luz; ¿no la conoceréis? Otra vez abriré camino en el desierto, y ríos en la soledad. (Isaías 43:18-19)*

Cada vez que Dios interviene en nuestro tiempo, lo hace para efectuar cambios extraordinarios. Él penetra en nuestro pasado no para avergonzarnos, culparnos o señalarnos, sino para restaurar y sanar, para liberar, romper cadenas de opresión y restaurar lo que necesita ser restaurado. Aquellos que viven anclados en el pasado no pueden avanzar ni conectarse con el corazón de Dios ni proyectarse hacia el futuro. Cuando hablamos de lo profético, nos referimos a lo que está en la mente de nuestro Señor, a lo que Él ha determinado hacer con nuestras vidas, lo que ya está establecido en su eternidad. El futuro está íntimamente ligado a la voz profética de Dios.

Dios creó todas las cosas desde el principio y estableció un ciclo de vida. Ese ciclo está diseñado y enfocado completamente para cumplir el destino profético para el cual fuimos creados. Él anhela que avancemos y crezcamos, no solo para alcanzar la mayoría de edad, casarnos, dejar la casa de nuestros padres o jubilarnos. Dios mira más allá de lo natural, ve nuestro propósito eterno.

En el ciclo de vida, Dios estableció años y edades específicos que fueron marcados en el cielo para producir cambios en nuestras vidas y en nuestras generaciones. Por ejemplo, en el ciclo de vida de Jesús, Dios ordenó que a los treinta años comenzara su ministerio terrenal. Antes de eso, Jesús vivió como un hijo natural, sometiéndose en obediencia a sus padres y aprendiendo el oficio de carpintero. La Escritura relata que a los doce años estaba en el templo, discutiendo las Escrituras con los rabinos porque estaba lleno de la Palabra, pero sus padres lo llevaron de vuelta a casa. Jesús respondió: "¿No sabíais que en los negocios de mi Padre me es necesario estar?" (Lucas 2:49). Sin embargo, tuvo que regresar al taller, llenarse de aserrín y trabajar la madera. ¿Por qué? Porque en el ciclo de vida de Dios, aún faltaban dieciocho años para que se cumpliera la palabra profética del advenimiento del Mesías, como lo habían anunciado los profetas. ¡Qué sabiduría hay en la mente de nuestro Señor!

> ***Él muda los tiempos y las edades**; quita reyes, y pone reyes; da la sabiduría a los sabios, y la ciencia a los entendidos. (Daniel 2:21)*

Él es el Dios que cambia los tiempos de los hombres, el Dios del ahora, del presente, que habita en la eternidad donde todas las cosas fueron establecidas y creadas por la potencia de Su voz. Desde allí nos conoció y trazó para nosotros un ciclo de vida que contiene el desarrollo de nuestro destino profético aquí en la tierra.

Preexistencia: la Predestinación

> *Porque al que **antes conoció**, también **predestinó** para que fuese hecho conforme a su propia imagen, a fin de que él sea el primogénito entre muchos hermanos. Y al que predestinó, a este también **llamó**; y al que llamó, a este también justificó; y al que justificó, a este también **glorificó**. (Romanos 8:29-30)*

La Palabra nos dice que Dios nos conoció primero. ¿Alguna vez te has preguntado cómo te conoció Dios? Desde la eternidad, en la formación de todo lo creado, tú y yo fuimos conocidos por Él. Estoy segura de que en el séptimo día, el Padre vio el final de todas las cosas y dijo: ¡Ciertamente es bueno! Él creó el sol para el día, la luna para la noche, diseñó la luz, la oscuridad, ordenó las cuatro estaciones, creó los animales y formó al hombre.

Después de conocernos, nos predestinó para ser hijos a la imagen de Jesucristo, para que Él sea el primogénito de muchos hermanos. ¿Recuerdas cómo llegaste a Cristo? Tal vez, al mirar los eventos de tu vida, pienses que todo se entretejió por casualidad. Sin embargo, era Dios hablando a tu corazón y mostrándote que habías sido predestinado para ser semejante a su Hijo Jesús y recibir su adopción. Todos fuimos predestinados y nadie puede dudar de que somos el fruto del deseo de Dios. Pero, para entrar en esa predestinación, llega la etapa del llamamiento, y esta no depende de Dios, sino de nosotros mismos, ya que somos quienes elegimos vivir conforme a la naturaleza de Jesucristo o no hacerlo.

Todo ser humano es criatura de Dios, pero nos convertimos en sus hijos cuando respondemos a Él. La Palabra dice que con el corazón se cree para justicia y con la boca se confiesa para salvación. Ese es el momento del llamado. Cuando sentiste un fuego en tu interior, levantaste tu mano y le dijiste que sí al Señor, estabas respondiendo a la predestinación.

Aquellos que responden al llamado y confiesan a Jesús como Señor y Salvador son justificados. La justificación implica ser declarado inocente, libre de culpas y envuelto en la justicia que viene de Dios a través de la obra redentora de nuestro Señor Jesús en la cruz del Calvario, donde Él pagó el precio con su sangre para que seamos limpiados de todo pecado. Nadie puede culparnos por nuestro pasado, porque el acta de decretos que nos era contraria fue anulada públicamente. Finalmente, a todos los que justificó, también los glorificó hasta el día que sean levantados. ¡Qué hermoso es entender la predestinación!

La Palabra nos muestra que, al igual que nosotros, la vida de Jesús fue vista desde la eternidad y formó parte de la preexistencia de todas las cosas.

Abraham vuestro padre se gozó de que había de ver mi día; y lo vio, y se gozó. Entonces le dijeron los judíos: Aún no tienes cincuenta *años, ¿y has visto a Abraham? Jesús les dijo: De cierto, de cierto os digo: Antes que **Abraham fuese**, yo soy. (Juan 8:56-58)*

Dios creó al primer hombre, Adán, y le dio a su esposa, Eva. Los puso en el jardín del Edén, les dio todo lo necesario para vivir plenamente, les ordenó multiplicarse, les dio el poder y la autoridad para señorear la tierra, y estableció una relación cercana con ellos. Pero Dios sabía desde ese momento que le iban a fallar, por lo que creó un plan alternativo. El pecado de Adán y Eva no tomó a Dios por sorpresa. No tuvo que improvisar, ya que desde el principio había establecido este diseño. Siempre que pienso en esto, medito en el amor incondicional de nuestro Dios. Primero, estableció un culto para que el hombre pudiera acercarse, un culto seguido por Abraham, Isaac y Jacob, quienes levantaron altares y sacrificaron animales por revelación. Más tarde, Dios le dio a Moisés el diseño del tabernáculo, junto con todos los elementos que debían usarse y los actos ceremoniales, incluido el derramamiento de la sangre de animales puros y sin defectos. La sangre es sinónimo de vida y señal de pacto. Si estudiamos esto en profundidad, vemos que cada elemento y cada acto ceremonial era una simbología profética de la venida del Mesías y la obra redentora de Jesús.

Posteriormente, el salmista David también recibió una revelación sobre el Mesías venidero. Este hombre escribió en uno de sus salmos cuánto deseaba estar en los atrios del Señor para contemplar su hermosura e inquirir en su templo. Pero me he preguntado, ¿cuántas veces estuvo David en el lugar santísimo? La respuesta es ninguna, ya que solo el sumo sacerdote podía acceder al lugar santísimo para ministrar la presencia de Dios. Sin embargo, este apasionado pudo ver en su espíritu el incienso quemarse y subir al cielo, pudo deleitarse en la figura del gran sumo sacerdote que vendría para restaurar la relación íntima de Dios con la humanidad. A todos ellos se les reveló desde el principio de los tiempos la persona de Cristo Jesús.

Dios usó a alguien de la misma raza humana, pero sin pecado, para reconciliar nuevamente a los hombres con el Padre. Por eso, en el cielo, millares de ángeles entonan un cántico al que fue inmolado, al que es digno de ser honrado, al que es digno de recibir la gloria, la honra, el poder, la alabanza y las riquezas de todo lo que existe en la tierra, debajo de la tierra y en el mar.

> *Y la adoraron todos los moradores de la tierra cuyos nombres no estaban escritos en el libro de la vida del Cordero que fue inmolado desde el **principio del mundo**. (Apocalipsis 13:8)*

¡Nuestro Dios es tan ordenado y maravilloso! Desde el principio trazó la vida de Jesucristo y toda su asignación. Había ordenado su ciclo de vida y marcado las edades específicas en las que ocurrirían ciertos eventos que cooperarían con el cumplimiento de su destino. Al igual que Jesús, cada cristiano tiene un propósito específico desde antes de su nacimiento, que no puede ser alterado por el hombre. El ciclo de vida de cada hijo de Dios está perfectamente pensado y enfocado en el cumplimiento de su propósito.

> *Anuncio lo por venir desde el principio, y desde la antigüedad lo que aún no era hecho; que digo: **Mi consejo permanecerá, y haré todo lo que quiero**. (Isaías 46:10)*

Me gusta tanto este pasaje porque dice: "mi consejo permanecerá". Nadie puede cambiar el consejo de Dios para tu vida, nadie puede anular el consejo de Dios para ti, ni el infierno, ni el diablo, ni demonios o principados. Los únicos que podemos impedir que ese consejo se cumpla somos nosotros mismos con nuestras decisiones. Por eso, conocer el destino profético que Dios trazó para nuestra vida se convierte en una necesidad vital. Quien conoce su destino profético, se vuelve una persona certera y precisa en su caminar, alguien que dejará de andar errante como quien no tiene rumbo en la vida, y sabrá con exactitud la ruta que debe tomar para llegar a ese destino glorioso que Dios ha establecido desde el principio de los tiempos.

2

Tienes un Destino Profético

Muchos de nosotros hemos tenido un mal concepto del *destino* debido a lo que hemos oído y aprendido. Crecí escuchando a personas a mi alrededor quejarse y culpar al destino por todas sus desgracias. "Mi destino es sufrir", "el destino ha sido cruel conmigo", "esto es lo que me tocó en la vida y no tengo más remedio que aceptarlo". Muchos atribuyeron al destino enfermedades, divorcios, miserias e incluso muertes. ¿Cuántos de nosotros hemos dicho alguna vez frases como "mi destino ha sido duro"? Durante muchos años vivimos con estos paradigmas porque no se nos había revelado la verdad de Dios.

El diccionario de la Real Academia Española define *destino* como "la fuerza que dirige la vida de las personas y determina el curso de los acontecimientos". Al profundizar un poco más en este concepto, encuentro que la palabra destino proviene del latín *destinare*, que significa "tener puntería, dar en el blanco, alcanzar la meta". Al reflexionar sobre esto, visualizo en mi espíritu una flecha lanzada con fuerza por un arquero que impacta directamente en el centro del blanco con precisión y exactitud, sin desviarse en todo su trayecto.

Cuando hablamos del destino profético, nos referimos a una fuerza sobrenatural que no puede ser cambiada ni manipulada, que define el futuro hacia el cual nos dirigimos, no el que elegimos nosotros, sino el que Dios ha escogido para cada uno de nosotros. Es un plan divino premeditado, por el cual quienes deciden caminar en él creen que cada evento y suceso que experimentan está determinado por la voluntad soberana de Dios.

En cambio, la casualidad atribuye cada suceso a eventos aleatorios de la vida, al azar. Por eso, para los hijos de Dios, no existen las casualidades; todo está relacionado con el destino profético que Él ha escrito para nuestras vidas. ¡Qué maravilloso es saber que estás caminando hacia la meta final, que cada paso que das es certero, que cada movimiento y acción es preciso! Creo con todo mi corazón que mientras lees esto, paradigmas y fortalezas están siendo quebrantados en tu mente.

Cuando comprendemos que el destino es una obra premeditada en la mente de Dios, sabemos que no puede ser alterado. Por eso, destino es el antónimo de libre albedrío o elección libre. Una vez que empiezas a descubrir para qué fuiste creado, comprendes que ya no puedes tomar decisiones como antes, porque entiendes que necesitas buscar dirección, pues cada decisión, por pequeña que sea, puede alterar el diseño perfecto. Quien decide caminar bajo esta revelación elige voluntariamente renunciar a su derecho sobre su vida, elecciones y decisiones, y dirigir toda su vida al cumplimiento de su propósito.

Quiero aclarar que, al hablar de este concepto, no me refiero al determinismo que convierte al hombre en un robot que obedece mecánicamente. Todo lo contrario, se trata de usar la voluntad que Dios nos ha dado para someternos con humildad y amor a su divino plan.

Propósito: El Sentido de la Vida

Al hablar del destino, también hablamos del *propósito*. El propósito es lo que da sentido a la vida, es la respuesta a lo que nos sucede. Conocer tu diseño, propósito y dones es precisamente lo que determinará tu destino.

> *Todo lo hizo hermoso en su tiempo; y* **ha puesto eternidad en el corazón de ellos**, *sin que alcance el hombre a entender la obra que ha hecho Dios desde el principio hasta el fin. (Eclesiastés 3:11)*

Dios estableció el diseño desde la eternidad. Él te creó así y colocó en tu corazón y espíritu lo que te hizo. Decidió diseñarte de esa manera. Tal vez alguna vez te hayas preguntado: "¿Por qué soy diferente a mi familia?", "¿Por qué tengo este carácter?", "¿Por qué nací en este hogar?". Todo lo que Dios ha creado en tu vida tiene un propósito: tu altura, tu cabello, la forma de tus ojos, tu personalidad, tu carácter, tu familia, tu ubicación geográfica. Todo en ti está ajustado al plan de Dios. Eres una obra maestra única.

Incluso las obras de la naturaleza nos hablan de cómo el Señor se tomó su tiempo para hacer algo único de cada uno de nosotros. Un ejemplo son las huellas dactilares. Hay miles de millones de personas en el mundo y no hay una sola huella dactilar igual a otra. Podemos decir, como el salmista: "¡Maravillosas son tus obras!" (Salmo 139:14).

Cuando veo el diseño de Dios para mi vida, ya no le pregunto: "Señor, ¿por qué me hiciste así?". Mi esposo es una persona tranquila y serena. Una vez me dijo: "¿No crees que te vi? Eran las tres de la mañana y estabas con las manos alzadas. No dormiste en toda la noche". Yo quisiera ser como él. Él es calmado y sereno, pero él es según su destino y yo según el mío. Llevo más de 30 años sirviendo al Señor y no dejo de sentir esta pasión por su obra. He conocido al Señor por más de 30 años y sigo tan apasionada como el primer día. Siento un deseo profundo todos los días de que Él me hable algo nuevo. Por eso, para poder caminar en este destino, Él me entregó el temperamento y la personalidad que encajan perfectamente con lo que tenía planeado para mí.

Una de mis nietas, al verla, me recuerda mucho a mí de pequeña. Ella hace tantas cosas que yo hacía de niña. Sus gestos y maneras son muy similares a los míos. Me río e imagino todo lo que el Señor hará con ella. Esto me lleva a pensar que ese diseño perfecto que Dios trazó se manifiesta en nosotros desde los primeros años de nuestra vida.

Dejemos de pedirle al Señor que cambie nuestra personalidad o que la haga como la de otro hermano. ¡Dios no va a cambiarla! Él la perfeccionará porque necesita que la tengamos para que podamos cumplir con nuestro destino profético. No importa si tienes un temperamento iracundo, explosivo o muy sereno. Dios tiene las herramientas para moldear ese carácter y que colabore perfectamente con el diseño que escribió para ti.

En la Palabra encontramos ejemplos de hombres y mujeres con temperamentos difíciles, que fueron moldeados por la gracia de Dios y se destacaron para cumplir su misión divina. Muchos atravesaron por diferentes y adversos sucesos, clave para el cumplimiento de su destino. Como Moisés, quien fue un hombre educado y poderoso en palabras y acciones.

> *En aquel mismo tiempo nació Moisés, y fue agradable a Dios; y fue criado tres meses en casa de su padre. Pero siendo expuesto a la muerte, la hija de Faraón le recogió y le crio como a hijo suyo. (Hechos 7:20-21)*

La Escritura dice que era un niño hermoso, pero nació en un tiempo en el que había un decreto faraónico de muerte: cada niño varón debía morir. Moisés solo pudo permanecer tres meses escondido en casa de sus padres. Fue su madre quien lo arrojó al río Nilo en una cesta de mimbre para salvar su vida. A un extremo del río, su madre lo observó con tristeza, mientras que al otro, la hija de Faraón lo miraba con atención para adoptarlo.

Este niño, nacido en medio de la muerte, fue preservado porque su madre no temió al decreto de Faraón y actuó con audacia. Ella sabía que había un propósito en la vida de su hijo y que era necesario que llegara a la casa de Faraón. La hija de Faraón lo aceptó como su propio hijo, y la Palabra relata cómo lo educaron desde pequeño para ser heredero, pues Faraón no tenía hijos. Moisés creció como un príncipe destinado a ser rey de Egipto algún día.

Se crio conociendo dioses extraños, entre inciensos y cultos paganos. Aprendió a venerar a todas las deidades egipcias y a cumplir con los rituales ceremoniales. ¿Cómo podía ser que Dios lo enviara a una tierra pagana, donde tuvo que participar de la idolatría y aprender sus costumbres? Para el cumplimiento de su destino profético era necesario que fuese formado allí, que le dieran la mentalidad de un rey, que le enseñaran sobre guerra y estrategias militares, y que creciera con sentido de liderazgo. Toda la formación que Moisés recibió en la casa de Faraón era necesaria para lo que Dios haría a través de él.

El pueblo de Israel contaba con casi cuatro millones de personas que habían vivido como esclavos durante años. Pedían, hablaban y pensaban como esclavos. No estaban acostumbrados a recibir un trato diferente. Estaban tan habituados al maltrato que no sabían recibir otra cosa. Trabajaban bajo el sol del desierto, comiendo ajos y cebollas, llevando en sus cuerpos las marcas de la violencia egipcia, y no conocían otra forma de vida. Pero había un plan divino. Dios estaba lleno de amor por ellos, pero ¿cómo recibirían ese amor si tenían una mentalidad de esclavitud? Por eso, el Señor tuvo que elegir a alguien con una mentalidad diferente: un hombre con mentalidad de príncipe, un estratega militar y poderoso, formado entre reyes y entrenado en muchas batallas. Un hombre con capacidad de liderazgo, que conociera desde adentro las operaciones del pueblo egipcio, alguien que fuera capaz de liberar a todo un pueblo de la esclavitud y conducirlo a una tierra de leche y miel.

Sabemos cómo concluyó este destino. Moisés se convirtió en el libertador del pueblo de Israel, guiando a miles en una travesía por el desierto hasta que pasó el liderazgo a Josué, quien continuó con el legado hasta llegar a la tierra prometida por Dios desde los tiempos de Abraham. ¿Puedes ver cómo todo encajó perfectamente en el plan divino de Dios? Eso es lo que sucede en una vida que decide caminar en el destino profético. Ahora comprenderás que todo lo que has vivido a lo largo de tus años, incluso los eventos más dolorosos, ha sido necesario y te servirá para el cumplimiento de tu misión.

Estudié para ser maestra, lo cual no me gustaba en absoluto. Peleé mucho tiempo con mi padre porque él quería que yo fuera maestra, pero yo no estaba de acuerdo. Cada vez que alguien me preguntaba qué estaba estudiando, respondía que estaba cumpliendo el deseo de mi padre, pero no lo que yo quería ser. Años después, me tocó enseñar, entrenar y formar a muchas personas en el ministerio. Por la gracia de Dios, he fundado escuelas ministeriales y tocado naciones a través de conferencias y jornadas. Hoy me doy cuenta de que aquello que no me gustaba era parte de la preparación para lo que Dios tenía reservado para mi vida.

No te quejes por lo que no te gusta, no le preguntes a Dios por qué. Solo ten la certeza de que todo encajará perfectamente en el destino de tu vida.

Vasos de Destino

Cuando comienzas a descubrir cuál es el destino que Dios asignó para tu vida, se despierta en ti una conciencia de propósito, transformándote en un vaso de destino en el cual Él puede colocar sus pensamientos y diseños para que sean traídos a la tierra. Comienzas a verte como Dios te ve y, aunque veas que a la izquierda hay algo más bonito o a la derecha algo más sencillo, puedes decir: "Me gusta lo que Dios ha trazado para mí".

Si no sabes cuál es tu propósito, no puedes ser un vaso de destino. ¡Qué sencillo sería que alguien nos dijera cuál es nuestro destino! Nos acercamos a los pastores o a los profetas esperando que ellos nos digan cuál es nuestro diseño. Así, comenzamos a imitar la forma de predicar de tal ministro, la forma de vestir de otro, y nos pasamos toda la vida imitando el destino profético de otra persona porque no hemos encontrado nuestro propio propósito. Pero cuando te conectas con Dios, Él te mostrará que no necesitas buscar afuera, pues ya colocó en tu interior su plan divino. Dentro de ti está todo lo que necesitas para ser un vaso de destino.

Es en la intimidad y la adoración donde te puedes encontrar con los propósitos de Dios. ¿Cuántas veces el Señor está tocando la puerta de tu corazón porque te quiere hablar acerca de lo que está escrito sobre ti y tú estás atascado en el dolor, la herida o el temor? Sé que muchos, a causa de lo que están leyendo, saldrán de su escondite para volver a conectarse con la voz profética de Dios. Ríos de gracia quitarán las escamas de los ojos de aquellos que ya se habían descalificado a sí mismos.

A lo largo de la Escritura, encontramos a muchos hombres que, buscando algo diferente, se encontraron con el propósito de Dios. Tal es el ejemplo de

Saúl. Enviado por su padre a buscar las asnas perdidas, se encuentra con el profeta Samuel, quien lo conecta directamente con su destino profético, que era gobernar al pueblo de Israel. Las asnas solo fueron el pretexto para que este hombre se encontrara con el propósito divino. Dios muchas veces usará pretextos inusuales para que te encuentres con lo que se escribió sobre ti. Cuando te conviertes en un vaso de destino, estarás con la gente correcta, en el lugar correcto, en el tiempo correcto.

Algo que me apasiona es que Dios pueda usarme para descubrir destinos proféticos en las personas. He visto a muchos comenzar desde cero, pero que, al encontrarse con su propósito divino, comenzaron a tomar forma para ser vasos de destino. Conozco a una mujer que es una general del ejército de Dios. La conocí en el trabajo, ella no hablaba con nadie, solo lo hacía conmigo. Cierto día, iba camino a la iglesia a una reunión de intercesión, y el Señor me susurra al oído: "Ella será la directora de intercesión". Cuando le dije lo que sentía en mi espíritu, ella me respondió negativamente, me llamó por teléfono y me dijo lo siguiente:

—Pastora, yo le llamo para entregarle el cargo que usted me dio. Siento que soy muy tímida y que esto no es para mí. Además, creo que hay gente mucho más capacitada que yo para este cargo.

—Está bien, comprendo. Pero debes saber que a quien le estás entregando este cargo no es a mí, sino al Señor —le respondí.

A los tres días me llama nuevamente llorando y me dice que Dios había hablado a su corazón, y que tomaría nuevamente el cargo, porque entendió que era el Señor quien la estaba llamando. ¡Quién diría que una persona que casi no hablaba podría haber sido elegida para esta tarea! Hoy en día, si te sientas en algún servicio al lado de esta mujer, la escucharás orar en lenguas del espíritu durante todo el culto. Ella es una intercesora genuina.

¡Cuánto disfruto cuando las personas se encuentran con su destino! A veces tomo a algunas personas, les digo que van a comenzar a diseñar o a realizar alguna otra actividad, y, aunque no lo hayan hecho jamás, por la activación del Espíritu Santo son despertados en sus dones.

El destino profético tiene que ver con descubrir el plan y la meta, pero también con encontrar los dones y habilidades que están dentro de ti para llevar a cabo esa asignación. Probablemente, algunos de los que están leyendo este libro tienen habilidades y talentos que aún no han descubierto. Algunos serán cantores, otros escritores, otros conferencistas, y tantas otras asignaciones que Dios repartió entre su cuerpo.

Uno de estos días me vio un terapeuta y me dijo: "Mire, yo tengo años de atender pacientes y nunca he visto a alguien que tenga estos problemas médicos y permanezca tanto tiempo parada predicando". A lo que yo le respondí: "Y voy a seguir predicando hasta el día que Dios decida levantarme". He batallado de todas las maneras posibles, pero si hay algo que me ha mantenido firme en avanzar es conocer mi destino y saber para qué fui creada.

Yo siempre comparto que el ministro que nos envió a mi esposo y a mí, cierto día me dijo que me había mandado a hacer unas tarjetas de presentación en donde me nombraba "evangelista". Yo casi lloro cuando escuché a mi pastor decirme tal cosa. Ese fue un tiempo de mucho respaldo del Señor. Me llamaban a predicar en campañas y la gente se convertía al oír el mensaje. Creo que Dios me estaba poniendo a prueba para saber si yo estaba segura en mi asignación. Sé que uno puede fluir en las diferentes dimensiones ministeriales, pero también sé que una siempre será la más fuerte, y estoy segura de cuál es en mi caso: la profética. A veces mi esposo me hace reír porque me dice: "ustedes los profetas son locos". Pero yo amo esa locura, porque a causa de ella he hecho tantas cosas para el Señor que nunca me imaginé hacer.

Conocer tu diseño, dones y propósito es la flecha que te dispara hacia tu destino.

Suelta tu Pasado

Probablemente, al estar leyendo este capítulo, te encuentres reflexionando en tu propia vida. Es probable que estés recordando las cosas que has hecho en el pasado y automáticamente te anules sintiendo que echaste a perder tu destino profético por malas decisiones. Quiero decirte que tu pasado jamás va a determinar el destino que Dios tiene para tu vida. Siempre digo que Dios conoce todos los "muertos" que tenemos enterrados y que pensamos que nadie más vio. ¿Cuántas cosas hemos enterrado pensando que nadie las sabe? Dios las ha visto, y, aun así, tiene un destino perfecto para nuestra vida.

Recuerda la vida de Ester, una joven campesina, huérfana y extranjera. En la Palabra se nos habla del rey Asuero, quien se enoja con su reina, Vasti, porque ella desobedece su pedido de presentarse ante él. Ante esta negativa, el consejo de ministros presiona al rey para que levante una nueva reina. Ellos le buscan entonces una nueva esposa. Eran más de cien candidatas que representaban cada una su provincia. Entre todas estas mujeres se encontraba Ester. La costumbre, en ese entonces, era que la que iba a ser esposa del rey tenía que ser hija de los cortesanos, de la alta sociedad. Esta niña lo que menos tenía era linaje de realeza; era pobre, campesina, huérfana y adoptada por su tío. Mardoqueo pudo pensar algo como: "esta niña tiene algo de reina, camina como reina, es hermosa, seguro que califica". Cuando la llevaron a la tienda a elegir joyas y vestidos para su noche con el rey, ella no deseó nada, porque no tenía ningún conocimiento, sino que dejó que fuera el hombre que conocía al rey quien escogiera su ropa, sus zapatos, sus accesorios, y esa mujer le agradó al rey Asuero. Era parte del destino profético de Dios que Ester entrara al palacio en ese tiempo.

> *Porque si callas absolutamente en este tiempo, respiro y liberación vendrá de alguna otra parte para los judíos; más tú y la casa de tu padre pereceréis. ¿**Y quién sabe si para esta hora has llegado al reino**? (Ester 4:14)*

No importaba lo que ella fue, lo que importaba era que ella ya se estaba conectando con una nueva estación, estaba dando en el blanco, estaba lanzando un tiro exacto hacia su destino. No importa si para el mundo tú no calificas, lo importante es lo que el Cielo está diciendo acerca de ti.

Cuando yo comencé a predicar en mi país, todavía había persecución para la mujer. Cuando abrimos la Escuela de Profetas, abrían espacios en las radios y comentaban con maldad, pero yo nunca me detuve en lo que sabía que tenía que hacer. Tenemos diecinueve años de hacer Escuela de Profetas. En uno de estos entrenamientos, mi hijo se acercó y me dijo: "mamá, usted no sabe quién está aquí, ha llegado uno de sus más grandes críticos". Ese hombre fue traspasado por el poder de Dios en esa semana. Nunca me han detenido las críticas, es más, hay institutos bíblicos que me usan como mal ejemplo, pero yo sé dónde estoy parada, y sé a lo que Dios me llamó. Tu pasado no te puede limitar, las críticas que recibas no pueden detenerte, porque Dios te conoce enteramente.

Tan fuerte es el pasado de algunos que el Señor les cambia el nombre. Antiguamente el nombre representaba las características de una persona y marcaba su destino. Eso fue lo que le sucedió a Pedro.

> *Le trajo a Jesús. Y mirándole Jesús, dijo: Tú eres Simón, hijo de Jonás; tú serás llamado Cefas (que quiere decir, Pedro). (Juan 1:42)*

El nombre Simón quiere decir uno que oye, quiere decir desierto, caña que se dobla para un lado y para otro. Jesús le dijo: "ya no serás una caña frágil, serás llamado Cefas, una roca, una piedra viva".

¡A alguien Dios le está cambiando el nombre! Dios me tuvo que cambiar el nombre de enfermiza a fuerte, de débil a poderosa en Dios. ¿Cuál es el nombre con el que te identificaban? Hoy el Santo te está llamando bendecido, engrandecido, próspero, buena tierra, justo, perfecto, amado.

Déjate Guiar por su Espíritu

Para caminar sobre tu destino necesitas la guía del Espíritu Santo. Si tú no sabes por qué camino debes andar, o qué ruta debes tomar, comienza a preguntarle a Él. Dile: "Espíritu Santo, necesito oír tu voz".

Muchas estrategias que Dios te dio al principio no te van a servir para todo el recorrido del destino profético. Debes discernir y conocer las estaciones. Me gusta decir que soy como una catadora de los vientos del Espíritu Santo, porque amo preguntarle: "¿por dónde vas?", "¿dónde está la corriente?". Es como que saco mi mano y empiezo a probar hacia dónde se dirige el viento para seguirle. Necesitamos esa dependencia profunda de la voz de Dios, para saber cómo caminar durante todo el recorrido.

A lo largo de mi vida, he entendido que necesito escuchar su dulce voz para saber cuándo moverme, cuándo detenerme, qué ruta tomar o prepararme para la siguiente estación. He tenido que detenerme muchas veces y aquietar mi corazón para esperar las coordenadas del Cielo. Así sucede con toda vida que desea descubrir lo que está escrito en el libro que lleva su nombre.

Muchas veces corremos hacia las personas, para que ellas nos digan cuál es nuestro destino. Pedimos consejos, tal vez a siete personas diferentes, y, entre tantas voces diferentes, nos perdemos de escuchar el palpitar del corazón del Padre. Cuando buscas a Dios, siempre habrá una respuesta del Cielo para tu vida.

Te haré entender, y te enseñaré el camino en que debes andar;
Sobre ti fijaré mis ojos. (Salmos 32:8)

Cuando el Espíritu Santo revela el destino profético de Dios para tu vida, te impregnará de una pasión sobrenatural. Es como encontrarle sazón a nuestro caminar con el Señor. Todo toma otro sentido, todo se vuelve apasionante, porque sabes que cada suceso está colaborando para llegar a la meta final y, a su vez, te vuelves una persona violenta en el espíritu, contra todo aquello que se interponga en el cumplimiento de tu propósito eterno.

3

Conociendo la Voluntad de Dios

Algo extraordinariamente poderoso sucede cuando el hombre nace de nuevo en Cristo Jesús. Antes de esta experiencia, el hombre camina por esta tierra como una criatura, creada a la imagen y semejanza de Dios, predestinada para conocerlo, pero aún sin responder al llamado supremo de adoptar la naturaleza de Jesucristo y aceptar la paternidad de Dios, para transformarse en un hijo semejante a su hermano mayor. Al responder a este llamado, cosas poderosas suceden en el interior del ser humano. Comienza a haber un despertar en su espíritu por el soplo de vida del Omnipotente. Ahora puede tener comunión con ese Dios Alto y Sublime que vive en las alturas y cuyo nombre es Santo, pero que también es Padre eterno y conoce a los que son suyos. Nuestro ser se deleita en conocerle a cara descubierta, en recrearnos en medio de su templo, donde nos remontamos a lo alto como las águilas y llegamos hasta ese tercer cielo, desde donde gobierna el universo con autoridad. La conciencia se despierta para responder de acuerdo con el orden que Dios estableció, y con ello se inicia un proceso de purificación donde el hijo menor es transformado de gloria en gloria a la misma imagen que el mayor. Dejamos la vieja manera de vivir y ahora caminamos para llegar a la estatura de ese hombre perfecto. Lo que antes considerábamos preciado, lo desechamos por recibir una gloria incorruptible.

Cuando nacemos de nuevo se activan los sentidos espirituales: los ojos que estaban velados y los oídos que permanecían sordos, ahora pueden ver y oír la voz que habla desde los cielos. Se abren los cielos sobre nosotros, de manera que comenzamos a gustar de los poderes del siglo venidero, podemos palpar los movimientos del Espíritu Santo a nuestro alrededor y recibir su intervención a cada paso. Recibimos poder sobrenatural para ser testigos de lo que hemos visto y oído, y junto con ello, los dones espirituales florecen. Descubrimos que Dios nos puede usar para su gloria, edificando su casa espiritual aquí en la tierra y manifestando el reino de los cielos. Los enfermos se sanan, los oprimidos por el enemigo son liberados, los quebrantados de corazón son restaurados, y las almas alcanzan la salvación por el poder del evangelio a través de nuestra predicación.

El problema es que podríamos pensar que hemos llegado a la cima de la vida en Dios, donde ya no hay nada más por alcanzar y podemos conformarnos con esta dimensión conocida. Nuestros ministerios crecen, la iglesia está llena cada domingo, parece que hay buenos resultados, y creemos haber alcanzado un nivel donde se nos permite acomodarnos y disfrutar lo que muchos definen como "el éxito de la vida cristiana".

Eso mismo podemos experimentarlo en otras áreas, no solo en la ministerial. Puede que tú hayas alcanzado la maestría que con tanto esfuerzo lograste, o quizás hayas salido de la casa de tus padres para formar tu nueva familia, conseguiste un mejor empleo, tu empresa y tus negocios finalmente están creciendo, ha llegado ese hijo que tanto esperaste y tantos otros logros buenos que Dios nos permite alcanzar en esta vida, y de nuevo, parece que estamos en la cima del éxito. Ya lo hemos conseguido todo.

Yo creo que Satanás tiene una silla que mece cálidamente llamada religiosidad, donde acomoda con esmero las almohadas para que nos sentemos a reposar, creyendo que ya estamos bien y conformándonos con ser religiosamente exitosos.

¡La visión que tenemos aquí en la tierra es tan diferente a la visión celestial! Cuántas cosas he logrado en mi vida, cuántos momentos en los que parecía que había llegado a la cumbre de mi ministerio. Todo era floreciente, Dios se movía con poder, vidas transformadas, territorios conquistados, pero si yo no hubiese escuchado la dulce voz del Espíritu en lo más profundo de mi ser decirme: "Es tiempo de movernos a la próxima estación", me habría quedado atrapada en la trampa del conformismo. He llorado, he tenido que soltar lugares y estaciones que gesté como una madre lleva a un hijo en su vientre, y he batallado para dar a luz. He podido tomar en mis brazos ese fruto y ver con admiración el cumplimiento de los diseños de Dios. Solamente yo sé cuánto han dolido las labores de parto, y como aquella mujer que se gloría en el fruto de su vientre, me he gloriado en ver la obra de Dios. No ha sido fácil, muchos no han comprendido la voz de aquel que habla conmigo. ¿Cómo puedes moverte a otra estación cuando aparentemente estás en el punto más alto de éxito? Esto es porque he comprendido que el éxito más grande es haber sido vista desde el cielo cumpliendo con cada palabra escrita del libro que lleva mi nombre.

Eso es lo que sucede cuando tú te encuentras con tu destino profético. Ya no importa si lo que haces parece ilógico para los hombres, si no es bonito o si es totalmente incómodo, tú abrazas con fuerza tu propósito y harás lo necesario para cumplir con ello. Aun si tu destino es morir en un madero recibiendo la peor de las humillaciones y sufriendo en tu cuerpo las más crueles torturas, sabrás que has hecho sonreír a Dios. Eso es lo que movía el corazón de Jesús.

> *Jesús les dijo: Mi comida es que haga la voluntad del que me envió, y que acabe su obra. (Juan 4:34)*

> *Yo te he glorificado en la tierra; he acabado la obra que me diste que hiciese. Ahora pues, Padre, glorifícame tú al lado tuyo, con aquella gloria que tuve contigo antes que el mundo fuese. (Juan 17:4-5)*

¡Amo estos pasajes! El Señor establece una nueva definición de vida exitosa en Dios.

Cuán importante es para nosotros conocer nuestro verdadero propósito de vida. Cuando logras entender esto, se produce un cambio radical. Empiezas a entender que no solo tus decisiones, sino también adónde van tus finanzas, qué haces con tus recursos, tu familia, la profesión que tienes, los dones que el

Espíritu Santo te asignó, tu vida ministerial, deben estar orientados a contribuir con el cumplimiento de ese destino. La Palabra nos dice que todo cuanto tenemos es un buen regalo que hemos recibido por la gracia de Dios.

Toda buena dádiva y todo don perfecto desciende de lo alto, del Padre de las luces, en el cual no hay mudanza, ni sombra de variación. (Santiago 1:17)

Cada uno según el don que ha recibido, minístrelo a los otros, como buenos administradores de la multiforme gracia de Dios. (1 Pedro 4:10)

Ser buenos administradores es caminar con la revelación de que todo lo que tenemos en nuestras manos debe estar puesto al servicio de aquel que nos llamó desde la eternidad, a andar en obras que Él mismo preparó de antemano para cada uno de nosotros. Esto es lo que yo llamo *conciencia de destino*.

Caminar con esta conciencia de destino es saber que no somos dueños de lo que poseemos para administrarlo como nos parece o como mejor nos convenga, sino que Dios nos otorgó una mayordomía para alcanzar las metas que Él trazó.

En él asimismo tuvimos herencia, habiendo sido predestinados conforme al propósito del que hace todas las cosas según el designio de su voluntad. (Efesios 1:11)

De igual manera, el Padre te asignó una maravillosa herencia. La herencia se trata de un derecho legal por el cual se nos otorgan privilegios, bienes y asignaciones que el Padre, por el puro afecto de su voluntad, decidió entregarnos. Ahora, somos acreedores de grandes beneficios por medio de Cristo Jesús. Es decir, que en el libro del destino no solo encontramos la asignación que debemos cumplir, sino también bendiciones que nos pertenecen a nosotros y a nuestras generaciones. Dios no solo pensó en obligaciones, Él también pensó en derechos y privilegios para sus hijos. ¡Es tan maravilloso empezar a descubrir lo que el libro del destino dice acerca de nosotros! Allí también encontramos lo que se escribió para nuestro matrimonio, para nuestros hijos, para nuestras empresas, para nuestro ministerio y para todo aquello que tiene vida.

La Conquista del Destino

La revelación del propósito eterno es necesaria, pero debe ser conquistada para que se cumpla en su totalidad. Cada vez que hablamos de conquista, entendemos que nos enfrentamos a oposición y batalla. Satanás, el enemigo de nuestra alma, es el más interesado en que no se cumpla lo que Dios dijo. Intentará entorpecer el camino de los vasos de destino mediante diversos medios, en un intento desesperado por impedir que los designios del cielo se ejecuten. Buscará que se aborte aquello que se está gestando en los vientres espirituales para que nunca sea dado a luz.

Si regresamos a la vida de Jesús, nos daremos cuenta de que su nacimiento ocurre en medio de un decreto de muerte. Todos los niños varones recién nacidos debían morir por orden del despiadado Herodes. ¿Esto no te suena familiar? Es el mismo contexto del nacimiento de Moisés. Este niño nace en medio de un decreto faraónico de muerte. Ambos, con destinos proféticos bien marcados para el pueblo de Dios, uno representando la ley y los mandamientos, y el otro representando la gracia. Tal es la magnitud de lo que Dios haría a través de ellos, que Satanás intentó anular ese destino desde el momento de su nacimiento. Pero bendito sea nuestro Dios, que el infierno no pudo detener lo que ya estaba escrito.

Sé que la concepción, la gestación y el nacimiento de muchos de los que están leyendo este libro han sido una batalla. Algunos fueron objeto de intentos de aborto en los primeros meses de gestación, ya sea voluntariamente o a través de accidentes que pusieron en riesgo su vida cuando aún eran embriones. Otros han luchado con todas sus fuerzas para romper la matriz uterina de su madre, o recibieron diagnósticos de muerte en sus primeros días de vida. Quiero que tu espíritu sepa que, aunque Satanás quiso impedir tu llegada a la tierra e intentó detener tu nacimiento, no lo ha logrado porque sobre ti reposan las palabras escritas en el libro del destino. Dios dijo que nacieras, Dios dijo que serías un vaso de destino. ¡Declaro hoy que todo decreto de muerte que había sobre tu vida se rompe por el tronar de las palabras de Dios! ¡Todos los que nacieron bajo un decreto de muerte física reciban hoy el decreto de vida del cielo! ¡Reciban el aliento de vida del Todopoderoso!

Es hermoso saber que, aunque todo el infierno quiere abortar nuestro destino, la obra de Dios es imparable en nosotros. Incluso sus maquinaciones contrarias cooperan a favor de los propósitos del cielo.

Mira la vida de José el soñador. Este hombre era un vidente. El Espíritu de Dios le hablaba en sueños y visiones, mostrándole el futuro de su vida y nación. Sabía interpretar con precisión sueños difíciles para cualquiera. Sin embargo, sabemos que, a causa de sus dones, se despertó en sus hermanos un espíritu de envidia y celos, que los llevó a arrancarlo de su tierra, de los brazos de su padre, y venderlo como esclavo a tierra extranjera. Si solo nos quedamos con esta parte de la historia, pensaríamos que Satanás desvió el camino de este hombre. Pero lo que realmente sucedía es que estaba colaborando y llevando a José al lugar exacto donde se cumpliría su propósito y cada sueño que había recibido.

En los vasos de destino, cada ataque del reino de las tinieblas cooperará con el plan establecido por Dios. Su obra en tu vida es un hecho, ningún plan maligno puede detenerla.

> *Y sabemos que a los que aman a Dios, todas las cosas les ayudan a bien, esto es, a los que conforme a su propósito son llamados. (Romanos 8:28)*

No obstante, somos nosotros mismos quienes podemos entorpecer el plan de Dios con nuestras decisiones y acciones. ¿Cómo es esto posible? A través del libre albedrío que Dios nos entregó como seres humanos, podemos decidir alinearnos para cumplir con nuestra asignación o retrasar, e incluso abortar, todo lo que Dios quiere hacer.

En la Biblia encontramos numerosos ejemplos de hombres y mujeres de fe que, por sus decisiones, retrasaron los planes de Dios o levantaron obstáculos que hicieron más difícil el camino hacia el cumplimiento de las palabras proféticas. Algunos por no saber esperar, otros por caminar sin revelación, o por desobedecer las directivas de Dios. Hay hombres que abrazaron el temor, que cayeron en desánimo, mujeres que buscaron atajos en el camino por impaciencia, y así innumerables sucesos que nos hablan de cómo, en muchas ocasiones, podemos estar obstaculizando el plan perfecto, ya sea por ignorancia o de forma deliberada.

Es por esta razón que es vital para cada hijo e hija de Dios descubrir cuál es la voluntad perfecta que el Padre trazó para sus vidas, y hacia dónde hacer puntería en su destino profético. Este proceso es uno de los más emocionantes y determinantes en nuestro caminar con el Señor. Es apasionante y al mismo tiempo desafiante. Así que, continuaremos estudiando cómo podemos conocer cuál es nuestro destino profético.

Comprendiendo la Voluntad de Dios

Cuando el ser humano fue creado, Dios le comunicó su voluntad y le dio instrucciones precisas acerca de lo que debía hacer: cuidar el huerto, poner nombre a los animales, caminar en compañerismo y multiplicarse. Sin embargo, lo más importante era establecer una comunión íntima con su Creador, porque solo a través de ella es posible conocer el plan de Dios.

Dios anhela comunicarse con nosotros, pero para lograrlo necesita reciprocidad. Conocer la voz de Dios da como resultado descubrir su voluntad para nuestra vida. Él ama revelarse y comunicar lo que está en su corazón para tu vida y la mía. Debes tener la plena certeza de que Dios es el mayor interesado en que conozcas cuál es tu destino profético, que contiene su voluntad para ti.

Entendemos por *voluntad* la facultad de decidir y ordenar la propia conducta, manifestada por medio de actos que admiten o rechazan una determinada cosa. Esta capacidad de tomar decisiones es lo que llamamos libre albedrío, y es la potestad del ser humano de obrar de acuerdo con su propia reflexión y elección.

> *A los cielos y a la tierra llamo por testigos hoy contra vosotros, que os he puesto delante la vida y la muerte, la bendición y la maldición; escoge, pues, la vida, para que vivas tú y tu descendencia; (Deuteronomio 30:19)*

Es en esa elección que a diario tomamos decisiones que nos acercan o nos alejan del plan perfecto de Dios para nuestras vidas. Según las Escrituras, existen tres voluntades diferentes:

1. La voluntad propia: Es la voluntad del ser humano con la cual todos nacemos. Esta voluntad es fundamentalmente egoísta y egocéntrica, y está motivada por el deseo de satisfacerse a sí misma sin tener en cuenta el consejo de Dios. El egoísmo se caracteriza por un amor inmoderado y excesivo a uno mismo, que lleva a poner los propios intereses y bienestar por encima de los demás. Este es el funcionamiento de la naturaleza carnal, cuyos resultados son el pecado y los problemas con el mundo.

> *Los dejé, por tanto, a la dureza de su corazón;*
> *Caminaron en sus propios consejos.*
> *¡Oh, si me hubiera oído mi pueblo,*
> *¡Si en mis caminos hubiera andado Israel! (Salmos 81:12-13)*

Caminar en el propio consejo es caminar de acuerdo con los deseos del propio corazón e invertir todos los esfuerzos en satisfacerlos, sin importar el costo o las consecuencias que esto pueda acarrear. Las Escrituras son claras al respecto: Dios no interviene en el caminar del hombre que no busca el consejo y la guía divina.

2. La voluntad de Satanás: Satanás busca incansablemente destruir al ser humano y traer cautividad para que este se encuentre bajo su dominio. Tal como Pablo lo describe:

> *Y escapen del lazo del diablo, en que están cautivos a voluntad de él. (2 Timoteo 2:26)*

3. La voluntad de Dios: La Palabra la describe como buena, agradable y perfecta. En esa voluntad divina encontramos los trazos de Dios para cada uno de nosotros.

> *No os conforméis a este siglo, sino transformaos por medio de la renovación de vuestro entendimiento, para que comprobéis cuál sea la buena voluntad de Dios, agradable y perfecta. (Romanos 12:2)*

Necesitamos ser transformados no solo en nuestra conducta interna, sino también en nuestra forma de sentir y de pensar para poder comprender la voluntad de Dios. La mente humana no puede concebir la mente de Dios, por lo tanto, es solo por medio del Espíritu de Dios que podemos acceder a sus pensamientos y sus caminos, que son más altos que los nuestros.

La Voluntad Perfecta y Permisiva de Dios

Al profundizar en la comprensión de la voluntad de Dios, se pueden observar dos palabras griegas que ayudan a entender este concepto: *boulema* y *thelema*. La primera, *boulema*, significa la soberana voluntad de Dios. Al decir que Él es soberano, nos referimos a que ejerce la autoridad suprema sobre todo lo que existe en el universo, y llevará a cabo lo que pensó desde el principio sin que ningún hombre pueda alterar su plan. Tal como dice su Palabra:

Todo lo que quiso Jehová, ha hecho En los cielos y en la tierra, en las mares y en todos los abismos. (Salmos 135:6)

Este pasaje bíblico refleja de manera contundente la soberanía de Dios: lo que Él quiere hacer, lo hará. Un ejemplo de esto es el regreso de Cristo Jesús a la tierra; cualesquiera que sean las decisiones de los hombres, este suceso es inminente e inalterable, y nada puede detenerlo.

Luego encontramos la palabra *thelema*, que hace referencia a la voluntad de Dios de forma individual. Este concepto implica el plan detallado de Dios para la vida de cada ser humano, y a diferencia de *boulema*, puede ser afectado por las decisiones del hombre. El fundamento sólido de la voluntad individual son los mandamientos y las instrucciones que Dios ha dejado en su palabra. El libro de Romanos la describe como buena, agradable y perfecta.

La palabra "perfecta" habla de algo completo, pleno y que posee el mayor grado de excelencia. La voluntad perfecta de Dios para la vida de una persona está íntimamente ligada al destino profético que Él mismo escribió en los libros del cielo, mencionados por David en el Salmo 139. Allí, Dios ha preordenado el ciclo de vida de una persona, junto con los eventos trascendentales de la misma, los tiempos, estaciones y el propósito de vida, entre otras cosas.

Sin embargo, así como existe una voluntad perfecta que Dios pensó para la vida de un individuo, hay otro tipo de voluntad a la que llamamos *permisiva*, la cual está fundamentada en el ejercicio del libre albedrío.

La voluntad permisiva de Dios contiene sucesos o eventos que no fueron orquestados por Él, sino que son producto de las decisiones del ser humano. Estas decisiones no se enmarcan en el plan perfecto, pero a pesar de eso, Dios sigue caminando con nosotros. Como buen Padre, Él puede permitir que tomemos decisiones equivocadas porque nunca nos quitará el regalo de la elección. Sin embargo, al incursionar en la voluntad permisiva, podemos encontrar sucesos dolorosos y consecuencias que dejan un sabor amargo.

Un claro ejemplo de la voluntad permisiva es el nacimiento de Ismael. Tanto Abraham como Sara estaban frente a dos posibilidades: creerle a Dios y aguardar con paciencia la promesa de un hijo, o elaborar una estrategia para traer descendencia a la tierra. Ellos escogieron la segunda opción y, como fruto de su decisión, Agar da a luz a Ismael. El resultado de su decisión es una dolorosa historia de guerra entre los pueblos del oriente, un ejemplo que desarrollaremos en los siguientes capítulos con más detalle.

El hecho de que Dios nos acompañe en el caminar no nos deja exentos de las consecuencias dolorosas de las elecciones que hicimos. Él estará a nuestro lado, aguardando que, por medio del dolor y el sufrimiento, podamos acercarnos en arrepentimiento y buscarlo de todo corazón. De esta manera, aquello que representaba un desvío en nuestro destino puede convertirse en un maravilloso testimonio de cómo nuestro Señor puede transformar la maldición en bendición.

Quizás en este momento estés meditando en tus elecciones y no te sientas orgulloso de ellas. Puede que, en tu intento por descubrir el plan perfecto de Dios para tu vida, hayas errado en más de una oportunidad. Todos los que estamos caminando hacia el blanco perfecto hemos experimentado contratiempos, desvíos y equivocaciones, pero lo verdaderamente importante es que hoy tienes la oportunidad de apegarte al consejo de Dios para tu vida y vivir en la búsqueda del cumplimiento de tu destino profético.

Hoy puedes decidir si tus malas decisiones del ayer pueden ser transformadas en gloriosas muestras de la bondad y misericordia de Dios. Cada dolor puede convertirse en un testimonio del poder de nuestro Señor para restaurarte y reconectarte nuevamente con su voluntad perfecta.

Dios nunca llega tarde, y tengo la plena certeza de que esta revelación llegó a tu vida en el momento preciso. Los velos se han caído y sé que tu vida nunca más será la misma después de conocer esta verdad tan profunda.

¡No te lamentes por el ayer! Una oportunidad extraordinaria se presenta delante de ti y puedes cambiar radicalmente el curso de tu vida si decides hoy mismo sumergirte en la búsqueda de tu destino profético.

Parte II

Enemigos del Destino Profético

4

Primer Enemigo: Falta de Revelación

En estos años de caminar de la mano del Espíritu Santo, he pasado por diferentes estaciones y temporadas, momentos de mucho fruto, y otros tiempos hostiles. He caminado por el valle de la sombra de muerte en más de una oportunidad, donde pude escuchar al enemigo susurrar a mi oído que mi tiempo se había acabado. También pase por tiempos de crítica y murmuración, donde muchos se levantaban para cuestionar aquello que Dios estaba haciendo a través de mi vida. Realmente no ha sido sencillo llegar hasta aquí, pero si hay algo que siempre me ha mantenido avanzando, es la revelación del destino profético de Dios para mi vida.

Si yo no hubiese estado llena de esa revelación, probablemente hubiera desmayado, como dice el salmista (véase Sal. 27:13–14), hubiera caído mi alma en los lazos de la desesperanza. Si mi espíritu no hubiese estado hambriento por escuchar la voz de Dios, si mis ojos hubieran estado cerrados para ver los diseños del cielo, es casi seguro que no estaría hoy aquí escribiendo este libro que está en tus manos. Me hubiese perdido entre las voces de la gente, no hubiese hecho tantas cosas que eran locura para los hombres, y habría llegado al final de mis días, conformándome con solamente haber sido una buena cristiana, pero que nunca alcanzó la plenitud del propósito eterno. ¡Cuán importante es la revelación del destino profético para nuestras vidas!

Por revelación somos capaces de hacer lo impensado, lo naturalmente imposible, somos llevados más allá de nuestras fuerzas humanas, y transportados en el espíritu para experimentar lo inimaginable. Podemos ser capaces de ver mucho más allá de la temporada presente que estamos atravesando, y vislumbrar el futuro y la esperanza a la que hemos sido llamados en Cristo Jesús.

¿Cuántas veces quedamos atrapados en la adversidad que estamos viviendo y no podemos fijar nuestra vista hacia adelante? Cuando te encuentras de esa manera no puedes tomar decisiones, no puedes avanzar, no logras ver con claridad, y comienzas a caminar bajo el gobierno de tus sentidos naturales y tus emociones humanas. Esto es una señal de que necesitas con urgencia una activación en tu espíritu para recibir una nueva revelación.

Revelación: una Llave para Desatar tu Destino

Cuando busco el significado de la palabra *revelación*, encuentro que viene del latín *revelatio*, que significa "acción o efecto de descubrir". El diccionario de la Real Academia Española la define como "el descubrimiento o la manifestación de algo secreto, oculto o desconocido". Es la manifestación de Dios a los hombres de cosas que ellos no pueden saber por sí mismos.

> *Las cosas secretas pertenecen a Jehová nuestro Dios;* **más las reveladas son para nosotros y para nuestros hijos** *para siempre, para que cumplamos todas las palabras de esta ley. (Deuteronomio 29:29)*

La Palabra nos muestra que las cosas secretas están en potestad del Padre. En su mano están reservados todos los misterios del reino de los cielos, todo conocimiento, todo saber. Por eso le llamamos El Omnisciente, porque es el Dios que todo lo sabe, todo lo conoce; aun las profundidades del corazón del hombre. En su bondad, el Señor decide compartir estos secretos con nosotros y darnos a conocer sus pensamientos.

La revelación es un derecho de todos los hijos de Dios, que hemos nacido de nuevo, y hemos sido engendrados por su buena voluntad. A través de ella, podemos tener acceso a conocimientos que los hombres no poseen. Nadie puede llegar a conocer su destino profético si no es por medio de la intervención del Espíritu Santo. Por revelación es que David comprende cómo fue concebido en el vientre de su madre, cómo fue formado su cuerpo y cómo cada uno de sus días estaba escrito en el libro del destino. Más tarde, escribe para nosotros el Salmo 139 declarando todos estos misterios.

Lo primero que necesitas para poder caminar en tu destino profético es la revelación del diseño de Dios para tu vida. Podemos decir que es como la llave que desata la manifestación del propósito, pero, ¿cómo recibimos nosotros aquello que Dios quiere mostrarnos? ¿Qué parte de nuestro ser es capaz de percibir lo que está en la mente del Señor?

Sentidos Espirituales

> *Y el mismo Dios de paz os santifique por completo; y todo vuestro ser,* **espíritu, alma y cuerpo**, *sea guardado irreprensible para la venida de nuestro Señor Jesucristo. (1 Tesalonicenses 5:23)*

Este pasaje nos habla acerca de cómo fuimos hechos según el diseño perfecto de Dios. Él nos hizo seres tripartitos, es decir, con tres componentes que hacen el todo de una obra maestra. Puso en nosotros un cuerpo que se conecta con el mundo exterior, un alma que es el asiento de las emociones y deseos, y un espíritu que se conecta con las profundidades de Dios.

El cuerpo físico, que se conecta con el mundo natural, es capaz de interactuar con él, gracias a los cinco sentidos que Dios nos dio. Podemos saborear una comida gracias al gusto, detectar si un billete es legítimo o falso por el tacto en nuestros dedos, conocer a las personas por el timbre de su voz a través de la audición, deleitarnos en las obras de la creación mirando con nuestros ojos, y disfrutar el aroma de un buen perfume gracias al olfato. Todos nacemos con estos sentidos. No necesitas ser un hijo de Dios para tenerlos. Pero estos sentidos son limitados. Esto es lo que el apóstol Pablo llama el hombre natural, y sabemos que es imposible entender los misterios del reino de los cielos en esta naturaleza.

> *Pero **el hombre natural no percibe** las cosas que son del Espíritu de Dios, porque para él son locura, y **no las puede entender**, porque se han de discernir **espiritualmente**. (1 Corintios 2:14)*

¡Cuánto tiempo nos hemos partido la cabeza tratando de entender lo que Dios hace con nuestra mente natural! He notado, a lo largo de estos años, que la voz de la crítica muchas veces proviene de corazones que caminan bajo el gobierno de sus sentidos naturales. El ministerio profético ha sido cuestionado, en parte por el abuso y el mal uso de algunos, pero también por personas que, al no comprender los movimientos de Dios y querer encontrarles un sentido racional, terminaron rechazando las diferentes manifestaciones del Espíritu Santo. Así se ha desprestigiado la multiforme gracia de Dios que Él estableció en medio de su iglesia. Se han desechado las visiones, las palabras proféticas y hasta el hablar en lenguas espirituales, porque no hemos comprendido que necesitamos recibir estas cosas en nuestro hombre interior, es decir, el espiritual.

Por muchos años hemos hecho altares de adoración multitudinarios, actos proféticos en diferentes puntos de la nación, nos hemos pasado noches enteras de vigilias, y algunos nos han llamado locos. Pero yo sé en lo más profundo de mi ser, que todo lo que hemos hecho, ha sido porque decidimos caminar bajo la revelación fresca del Espíritu Santo a cada paso que damos, no gobernados por una mente natural, sino con nuestro espíritu despierto, para ver y hacer todo cuanto el Señor nos ordene. Y aunque Él nos envíe a hacer cosas irracionales para las personas, seguiremos avanzando en obediencia.

Con mi amado esposo tenemos una cadena comercial en el sur del país, que Dios, por su gracia, nos ha permitido construir. A pesar de que ambos tenemos como profesión la docencia, siempre hemos incursionado en el mundo de los negocios. Cuando Dios quiso que nos detuviéramos para servirle a tiempo completo, dejamos todo lo que estábamos haciendo para abocarnos a su obra, y así fue por más de veinte años. Hace algunos años, nuevamente, escuchamos su voz, y esta vez recibimos la revelación de que les entregaríamos a nuestros hijos una herencia próspera. Aun siendo mayores decidimos volver a operar en el mundo empresarial con una nueva unción conquistada para movernos con autoridad en este campo. Por el favor de Dios hemos abierto más de cinco locales comerciales que funcionan de una manera tan sobrenatural que muchos nos preguntan cómo lo hemos logrado.

Cierto día, estaba en uno de los locales comerciales y me paré frente al muro que está en el fondo. Mientras lo observaba, recibí en mi espíritu la convicción de comenzar a hacer un acto profético que desataría un rompimiento de expansión territorial para nosotros. Recuerdo que le dije a uno de los empleados que pusiera en los altavoces una canción que dice "el muro se cayó". Yo comencé a gritar y saltar, en ese momento miré a las personas y les dije: "Todo aquel que crea en la palabra que Dios nos está dando, puede sumarse a esta locura conmigo". Danzamos, gritamos y empujamos ese muro con nuestras manos. Realmente parecíamos locos, pero estábamos operando bajo la revelación de lo que el Señor estaba diciendo en ese momento. Muchos creyeron, otros miraron con desconfianza, pero lo cierto es que, después de ese acto, de una manera increíble nos hemos expandido. El muro literalmente se cayó y hemos construido tres locales comerciales más. ¡Ha sido una locura divina que solo a Dios se le pudo haber ocurrido!

En otra ocasión, recuerdo que mi corazón estaba tan preocupado por unas deudas financieras que necesitábamos saldar con urgencia. La fecha de los pagos se aproximaba, y aunque conozco que mi Señor siempre provee, en ese momento parecía estar en silencio. No hallábamos respuesta, todas nuestras canastas parecían estar vacías, y teníamos la responsabilidad de cumplir con nuestros compromisos. Junto con algunos hijos espirituales nos adentramos en un tiempo de profunda intercesión rogando al Padre una intervención divina en este asunto. Le dije a una de mis hijas espirituales que necesitaba cierta suma de dinero, bastante alta, por cierto, a lo que ella respondió: "Esto es imposible madre, a menos que caiga dinero de los árboles, así como caen hojas". En ese mismo momento tuve una revelación, y sentí que el Espíritu Santo me estaba metiendo otra vez en una de sus locuras. La miré y le dije: "Entonces vas a ir al jardín y comenzarás a contar hojas de los árboles. Juntarás exactamente el número de dinero que necesitamos en este momento y pondrás esas hojas en una canasta, porque Dios me dice que de la misma manera que estamos recogiendo estas hojas y estas canastas se están llenando, así mismo nuestros graneros se van a comenzar a llenar de la provisión que necesitamos ahora".

Ese día cuatro personas, junto con mi hija espiritual, Ángela, tomaron ramas de los árboles del jardín y contaron hojas hasta que llegamos a la cifra que necesitábamos. De una manera sorprendente, nuestros graneros se llenaron con la cantidad exacta de dinero para cumplir con nuestra responsabilidad financiera. Nunca olvidaremos ese acontecimiento. Aquellos que caminan conmigo saben que por más ilógica que parezca la revelación, Dios siempre nos sorprende en respuesta a nuestra obediencia.

El hombre natural todo lo razona, todo lo cuestiona. Imagina si nos hubiésemos puesto a razonar lo que estábamos haciendo en ambas ocasiones, de seguro no lo hubiésemos hecho y nos hubiéramos perdido no solamente la bendición, sino la oportunidad de ver una manifestación divina, de experimentar una intervención celestial en nuestro mundo natural. Por esta razón puedo afirmarte que tenemos un Dios que ama comunicarse con nosotros y tocar nuestro mundo natural con su mano poderosa. Él es el primer interesado en intervenir en nuestros asuntos por más pequeños e insignificantes que parezcan.

El Señor sabe que nuestra razón humana es una limitante para recibir su toque, por esta razón nos ha provisto de un espíritu para poder conectarnos con Él y recibir lo que quiere darnos. Dios creó el espíritu con funciones específicas que solo pueden operar aquellos que son hijos y han nacido de nuevo. Estas son la comunión, la conciencia y la intuición. La comunión es aquello que nos conecta con el corazón de Dios y nos ayuda a establecer una relación íntima con Él. La conciencia es lo que me acusa o me justifica delante del Señor de acuerdo a los razonamientos. Y la intuición es el lugar donde puedes recibir, percibir y sentir el mundo espiritual.

Este espíritu, al igual que el hombre exterior, posee cinco sentidos ilimitados con los que interactuamos con el mundo espiritual. Dios nos proveyó de una vista espiritual, oídos para escuchar su voz, un gusto para poder deleitarnos en su Palabra, una mente espiritual que discierne, y también emociones que se conectan con Él y con su pueblo. ¿Le ha sucedido alguna vez que usted entra a un lugar y se llena de tristeza? Puede que no te sintías de esta manera antes de llegar. Tal vez estás percibiendo en tu espíritu la tristeza de algunos de los que están en ese sitio. O llegaste a un servicio y comenzaste a sentir un gozo que nace desde tus entrañas, aun si habías llegado a la iglesia con desánimo. Esto es porque tu espíritu está conectándose con lo que se está moviendo en medio de ese lugar.

Despertar del Sueño

¿Cómo sabemos nosotros si nuestros sentidos espirituales están activados? Cuando tu espíritu está despierto, comienzas a vivir una vida emocionante en Dios. Se despierta en ti la capacidad de escuchar la voz del Espíritu Santo, a través de la Palabra escrita o a través de una persona que está hablándote una palabra profética. Puedes oírle a través de situaciones cotidianas, como también escuchar su susurro en la melodía de una adoración.

Se activan también los sueños y las visiones. Comenzamos a ver nuevas atmósferas, nuevos horizontes, como también las maquinaciones que Satanás está preparando en nuestra contra. He recibido en sueños la revelación de estrategias enemigas en mi contra, y Dios me ha mostrado que me lleva a ese lugar en el espíritu para deshacer lo que las tinieblas estaban planificando.

Uno de los dones que el Espíritu Santo me ha dado es la capacidad para operar a través de la unción profética vidente. Un vidente es aquel que recibe revelación a través de lo visual: imágenes, sueños y visiones.

En ocasiones me acuesto solo para reposar unos momentos, pero sé que en esos periodos de aparente descanso el Espíritu Santo quiere hablar a mi espíritu para traerme revelación, por medio de visiones. De la misma manera que sucedió con Daniel al finalizar su ayuno o con el apóstol Juan en la isla de Patmos, podemos vivir experiencias sobrenaturales con el Espíritu Santo donde hallamos revelación abundante. Cada vez que mis hijos espirituales me encuentran despertando de esas pequeñas "siestas", me preguntan: ¿Recibió algún mensaje de Dios? ¡Yo me río porque me conocen muy bien! Ellos saben que un cuaderno y un lápiz son elementos de extrema necesidad cuando despierto porque tengo información fresca que mi Padre me ha entregado. A esa dimensión es a donde Dios desea llevarnos. Mientras más cerca de Él caminemos, más se agudizarán estos sentidos.

Al ser avivados en el hombre interior por el Espíritu de Dios, comenzamos a recibir revelación de todo aquello que está escondido en el corazón del Señor y que lleva nuestro nombre. Pero, para recibir lo que el cielo quiere hablarnos, debemos tener un despertar espiritual.

Difícilmente podrás alcanzar la revelación de tu destino profético si tus sentidos espirituales están bajo un profundo sueño. Es tan importante recibir un despertar, que he dedicado un libro entero acerca de esto, llamado *Despertar Profético*.

Un profeta al que Dios habló constantemente a través de sueños y visiones fue Zacarías. Si quieres profundizar sobre cómo tener tus ojos abiertos, te recomiendo que te sumerjas en esta porción de la Palabra. Este profeta tenía activados sus sentidos espirituales, recibía continuamente revelaciones a través de su vista espiritual, pero dice la Escritura que el mismo ángel que hablaba con él lo despierta de un sueño.

> *Volvió el ángel que hablaba conmigo, y **me despertó**, como un hombre que es **despertado de su sueño**. (Zacarías 4:1)*

La palabra *sueño* está relacionada con un estado de estupor, de letargo espiritual. Este pasaje conmueve lo más profundo de mi ser porque, ¿cuántos de nosotros hemos recibido revelaciones poderosas y pensamos que ya lo hemos alcanzado todo? Tal vez hayas recibido ocho entrenamientos proféticos, o tengas decenas de cuadernos llenos de palabras proféticas anotadas, pero el Espíritu Santo anhela llevarnos a una nueva dimensión. La revelación del ayer no te va a servir para todo el camino por delante. Muchos han quedado atrapados en viejas estrategias y métodos solo porque les funcionaron bien por un tiempo, mas no serán útiles para la próxima estación a la que Dios los está llevando. Para que podamos seguir haciendo lo que el Señor nos ha enviado a hacer, debemos recibir un nuevo despertar en nuestro interior, que nos sacuda del letargo, del sueño profundo, del estado de estupor que no nos permite recibir la frescura del Señor.

Otro profeta que habla sobre el despertar es Isaías:

> *Jehová el Señor me dio lengua de sabios, para saber hablar palabras al cansado;* ***despertará mañana tras mañana, despertará mi oído*** *para que oiga como los sabios. (Isaías 50:4)*

Esta porción de la Palabra ha sido mi pan. ¡Cuánto amo oír su voz! La voz de mi amado que cada día me llama: "¡Ven amada mía!", "¡Ven perfecta mía!". Aunque ayer haya hablado conmigo me levanto cada mañana con una nueva expectativa. Amo decirle: "¿Qué tienes que hablarme hoy?", "¿Qué quieres que yo haga en este día?". Sé que soy una provocadora de la voz de Dios, porque busco con desesperación, con un profundo deseo de poder escuchar sus palabras, y aunque por momentos calla de amor, sus silencios me provocan buscarle con mayor intensidad.

Quiero profetizar que tú tendrás una experiencia de un despertar en tus sentidos mientras estás leyendo esto. Probablemente, sentirás que tu oído se abre, puede que tu cuerpo comience a temblar o recibas una brisa fresca en tus ojos, porque talvez las visiones y los sueños que antes tenías habían menguado. El Espíritu Santo te ungirá para recibir una revelación fresca y una visión renovada acerca de nuestro destino profético.

Una experiencia similar fue la que vivió el apóstol Pablo, un hombre formado por los eruditos de las Escrituras. La Palabra dice que fue entrenado a los pies de Gamaliel, un fariseo muy reconocido en ese entonces por su gran conocimiento de la Ley. Su celo por la verdad de las Escrituras, lo llevó a convertirse en el gran perseguidor de los cristianos. Bajo sus órdenes murieron cientos de inocentes, entre ellos Esteban, un hombre lleno del Espíritu Santo que predicaba la verdad de Jesucristo con pasión.

Pablo se contentaba con practicar la Ley y exterminar a aquellos que, según él, blasfemaban el nombre de Dios. El único destino que conocía era convertirse en un erudito más, un miembro destacado de la sinagoga, pero en el libro del cielo se encontraba escrito el verdadero destino profético de este apóstol. Es por eso que la Palabra nos relata que, en una de sus misiones para apresar más seguidores de Jesús, recibe un encuentro sobrenatural. Literalmente la gloria de Dios le salió al encuentro de camino a Damasco, y recibió una revelación que cambiaría para siempre el curso de su vida. Tan gloriosa fue esta experiencia, que quedó con una ceguera en sus ojos por algunos días. Algunas veces me he preguntado, ¿por qué será que Dios le quitó la vista en ese momento? ¿Por qué luego de encontrarse con la persona de Jesucristo pierde la capacidad de ver? ¿Por qué Dios no le reveló en ese mismo momento cuál era su destino? Nosotros sabemos que a causa de esa ceguera tuvo que ser llevado por otros hombres a Damasco, porque estaba imposibilitado de moverse por sus propios medios. Aquel fariseo de renombre, ahora extendía sus manos en busca de ayuda.

Durante tres días permaneció ciego, sin comer ni beber. Puedo imaginarme cuántas cosas habrán pasado por la mente de este hombre. Él vivió una revolución en su interior. Una muerte y al mismo tiempo un despertar. Muerte a sus propios planes, al destino que el mismo había trazado para su vida, todo lo que conocía de sí mismo, todo cuanto había planificado, su fama, su renombre, todo se estaba quebrando dentro de él. Pero también estaba despertando a los planes eternos, el libro del destino profético que Dios había escrito para Pablo, estaba siendo abierto en el cielo, y la revelación de aquel diseño perfecto comenzaba a descender desde lo alto, trayendo sentido de propósito, dirección, nueva identidad, un nuevo nombre y un legado que marcaría generaciones hasta nuestros días.

> *Fue entonces Ananías y entró en la casa, y poniendo sobre él las manos, dijo: Hermano Saulo, el Señor Jesús, que se te apareció en el camino por donde venías, me ha enviado para que **recibas la vista y seas lleno del Espíritu Santo**. Y al momento **le cayeron de los ojos como escamas, y recibió al instante la vista**; y levantándose, fue bautizado. (Hechos 9:17–18)*

¡Qué experiencia tan grandiosa! Dios estaba cambiando la visión de este hombre, se estaban cayendo las escamas de lo que había sido en el pasado, y estaba recibiendo una vista renovada. Sus ojos estaban abiertos al destino de gloria que estaba trazado desde antes de la fundación del mundo para su vida. La revelación empoderó a este apóstol y lo hizo responder al llamado de la predestinación que había sobre su vida, tan solo observa la siguiente declaratoria:

> *Pero cuando agradó a Dios, que **me apartó desde el vientre de mi madre, y me llamó por su gracia**, revelar a su Hijo en mí, para que yo le predicase entre los gentiles, no consulté en seguida con carne y sangre. (Gálatas 1:15-16)*

Tengo la plena certeza que el Espíritu Santo renovará tu visión en este tiempo, quitará las escamas de religiosidad y conformismo que cubrían tus ojos, y los ungirá con colirio para que veas cuáles son las buenas obras que preparó de antemano para que camines en ellas.

Cuando tú te despiertas en el espíritu para recibir revelación, debes buscarla en el lugar correcto que es a sus pies, en lo íntimo de su habitación, en lo secreto de su morada. Allí es donde el Padre desea darte a conocer sus intenciones y pensamientos más profundos.

Adoración: Una Ventana en el Cielo

¿Qué es lo que hace que Dios abra un portal en el cielo y desciendan las revelaciones frescas a nosotros? Puedo testificar con mi vida que hay una llave en el mundo espiritual que hace que los cielos de bronce que están cerrados comiencen a abrirse de par en par. Esa llave se llama *adoración*.

La adoración provoca la manifestación de ángeles ministradores que están al servicio de los hijos de Dios, establece un canal entre el cielo y la tierra, conmueve al Padre, haciendo que Él envíe desde lo alto sus diseños perfectos, y prepara la plataforma para que lo profético se manifieste. Cuando nosotros levantamos adoración enfocada en su persona, sus atributos y su belleza, le provocamos a que haga tronar su voz.

Si hay algo que siempre me ha mantenido conectada al corazón del Padre, es vivir una vida de adoración. Puedo pasar horas y horas en su presencia, contemplando su belleza, inquiriendo en su persona. Mientras viajo en el carro, en medio de los aeropuertos, y aun en las noches —como dice la Palabra—, mis ojos duermen, pero mi corazón sigue velando conectado a su palpitar. Un corazón adorador es un corazón apasionado, que es movido por el hambre insaciable de conocer a Dios más y más, que no se conforma con las experiencias del ayer, sino que busca incansablemente su rostro. Es alguien que puede vivir conectado veinticuatro siete a los latidos de *Abba*.

En la Escritura encontramos el ejemplo de María, la madre de Jesús. Una jovencita que tenía revelación de quién era Dios. Su adoración nos muestra cuánto ella le conocía, y esa pasión la llevó a encontrarse con su destino.

> *Entonces María dijo:*
> *Engrandece mi alma al Señor; Y mi espíritu se regocija en Dios mi Salvador. Porque ha mirado la bajeza de su sierva; Pues he aquí, desde ahora me dirán bienaventurada todas las generaciones. (Lucas 1:46-48)*

Esta adoradora provocó un movimiento angelical que la condujo directamente al propósito de su vida: ser escogida entre todas las mujeres para gestar en su vientre al salvador de la humanidad, al hijo de Dios.

Esto sucede cuando te sumerges en la adoración. Comienzas a encontrarte con los atributos del Padre, te encuentras con su maravillosa persona e, inevitablemente, te vas a conectar con aquello que está en su mente y corazón para tu vida. Eso es recibir una revelación. Recibir diseños, coordenadas, embarazarte de un propósito y gestar en tu vientre espiritual todo lo que el Padre soñó para ti desde el principio hasta el momento de darlo a luz.

He llevado dentro de mí palabras proféticas por años. He gestado, en lo más profundo, diseños y sueños que Dios un día me dio, hasta finalmente darlos a luz. Y aunque he pasado por situaciones que amenazaban con abortar todo lo que el cielo me había hablado, yo lo abracé con fuerza, plenamente convencida de que esas revelaciones vendrían a cumplimiento en el tiempo preciso. Cuando el Padre te muestre sus planes maravillosos, te vas a embarazar de cada palabra que está escrita en el libro del cielo para tu vida.

Sentido de Propósito

Me he encontrado muchas veces con personas que me piden oración porque se encuentran en una crisis existencial. Están en el Señor, han nacido de nuevo, muchos sirven en sus congregaciones, y son hombres y mujeres grandemente usados por el Espíritu Santo, pero perdieron el norte. No saben cuál es su llamado o, si lo conocían, están dudando de aquello que Dios les dijo un día. "Me dijeron que era profeta, pero hoy estoy dudando si es verdad o no". "Realmente no le encuentro sentido a lo que estoy haciendo, no tengo seguridad si es lo que Dios quiere conmigo". "Probablemente el cielo se equivocó". Estas y tantas frases más he escuchado de la boca de personas que son hijos de Dios y que tienen un destino, pero por la falta de revelación en sus vidas no pueden ver más allá de sí mismos. Quedan atrapados en estados de depresión, soledad, ansiedad, desesperanza y, poco a poco, son embestidos por una sombra de muerte que los golpea y los oprime.

Cuando tú no sabes cuál es tu destino, caminarás errante por esta tierra simplemente existiendo, contemplarás cada suceso de tu vida como una tragedia, y no verás el futuro con esperanza. El profeta Isaías define esta desesperanza como el Seol, un lugar de muerte (véase Is. 38:18). Quien no tiene expectativa de lo porvenir, comienza a morir, aunque esté con vida. Debes saber, que mientras tu corazón siga latiendo dentro de ti, aún hay un propósito que cumplir sobre esta tierra. ¡Declaro que, en este momento, te es impartido un fuerte sentido de propósito en lo más profundo de tu ser! ¡Dejarás de ver correr los días como quien simplemente existe! ¡Encontrarás el norte de Dios para tu vida y caminarás por la vía correcta sin desviarte hacia ningún otro sentido!

Momento de Avanzar

Hay un tiempo para recibir directivas y otro para ejecutarlas. Existe un tiempo para detenerse a escuchar lo que el cielo está diciendo y otro para moverse en respuesta a la palabra. Meditemos nuevamente en la vida de Moisés. Hay tanta riqueza en el destino profético de este hombre que merece que reflexionemos con atención. Si nos detenemos en su propósito y llamado, encontraremos dos momentos que fueron bien claves para el cumplimiento de todo lo que sucedió después: el momento donde se le es revelada su verdadera identidad y su encuentro con Dios a través de la zarza en el desierto.

En el primero, se encuentra con sus orígenes. A pesar de que Dios lo había llevado por un tiempo al palacio del faraón y que le había permitido crecer como un príncipe egipcio, este no era el destino definitivo que el cielo había determinado para él. Era solo una estación necesaria para cumplir su asignación. Parecía un egipcio, mas en su sangre estaba la identidad hebrea que Dios le había dado. Moisés tenía dos opciones: acomodarse en esa parada temporal o dejar todas sus comodidades y placeres para caminar por la revelación.

El segundo momento es un contexto de desierto en la tierra de Madián. Habían pasado ya cuarenta años desde que salió de Egipto, soltando todo lo que un día había aprendido y dejando atrás la identidad que conocía. Durante esos años se dedicó a aprender el oficio de pastor, contrajo matrimonio con una mujer madianita con quien tuvo hijos, y trabajó para su suegro cuidando las ovejas. Parecía que por fin había logrado vivir reposadamente después de tanta odisea, mas en su interior había una fuerte necesidad de encontrar el sentido de su propósito. Es en ese momento donde se desata una intervención divina. En medio de su trabajo ordinario, sucede algo extraordinario.

Dios lo llama por su nombre a través de una zarza que ardía y no se consumía. Aquí es donde recibe revelación de su asignación, donde todas las piezas comienzan a encajar perfectamente y comprende que había nacido para esa hora. Todo comenzó a tomar sentido, cada suceso vivido, los años de su niñez, la formación recibida, las batallas y las travesías por el desierto, todo estaba premeditado en un plan perfecto. La revelación había sido enviada, pero ahora le tocaba a Moisés avanzar en respuesta a la palabra. Conocemos lo que sucedió, este hombre decide nuevamente dejar su comodidad para emprender la tarea que Dios le confió.

> *Por la fe Moisés, hecho ya grande, rehusó llamarse hijo de la hija de Faraón, escogiendo antes ser maltratado con el pueblo de Dios, que gozar de los deleites temporales del pecado, teniendo por mayores riquezas el vituperio de Cristo que los tesoros de los egipcios; porque tenía puesta la mirada en el galardón. Por la fe dejó a Egipto, no temiendo la ira del rey; porque se sostuvo como viendo al Invisible. (Hebreos 11:24-27)*

Esta es la vida de todo aquel que decide caminar por la senda del destino profético. Es vivir escuchando a Dios y avanzando a paso firme. Yo puedo testificarte de primera mano, porque todo mi caminar con el Señor ha sido escuchar coordenadas y moverme en respuesta a lo que Él me habla. A veces no es fácil, he dejado algunas lágrimas en el camino, pero siempre lo hago con el fuerte deseo de hacer su voluntad y cumplir con mi asignación aquí en la tierra.

Es tiempo de que comiences a buscar la voz de Dios. Él quiere hablarte y mostrarte lo que ha soñado para ti desde que te creó. Ten fe de que si lo buscas lo encontrarás. Comienza a hacerle preguntas en tus tiempos de oración. Puedes decirle: "Señor, muéstrame mi destino profético", "revélame qué debo hacer en esta temporada", "¿hacia dónde me quieres llevar?". El Señor ama hablar a sus hijos los secretos de su corazón.

¡Yo declaro que los cielos se están abriendo sobre ti y que recibes un despertar en tus sentidos espirituales! ¡Ordeno a los guardas que se habían parado en las puertas de la revelación impidiendo que lleguen los diseños del cielo! ¡Que salgan de ese sitio en el nombre de Jesús! La revelación que recibirás en los próximos días será tan fuerte que traerá una visión clara, un sentido de propósito, y una esperanza renovada. Se termina el tiempo de andar errante en tu caminar, porque te moverás y avanzarás a paso certero, como una flecha direccionada que no se desvía en el trayecto.

5

Segundo Enemigo: La Desobediencia

El camino hacia el destino es un camino emocionante, pero al mismo tiempo desafiante. A cada paso que damos, el Espíritu Santo nos dará órdenes precisas para que sepamos cómo debemos caminar y llegar certeramente a la meta sin sufrir contratiempos. Tan importante como tener una revelación fresca, es actuar como Dios espera que lo hagamos, siguiendo sus instrucciones y consejos.

He descubierto en mi vida que, en la medida que dejo de responder a la voz de Dios, las ventanas de revelación en el cielo se van cerrando. En cambio, cuando obedezco certeramente, esos canales se mantienen abiertos para recibir aun más de lo que el Padre quiere hablarme. Me he vuelto dependiente y necesitada de la guía del Espíritu Santo a cada paso que doy, ya no sé vivir sin su asistencia permanente. Me levanto en las mañanas, ansiosa y expectante por recibir coordenadas nuevas, amo decirle "Espíritu Santo, ¿qué quieres que haga hoy?". Hemos forjado una relación estrecha y profunda porque comprendí que cada vez que respondo a lo que me pide, me vuelvo más cercana y confiable para Él.

Durante estos años he recibido muchas directivas y estrategias, algunas me han desafiado en fe, otras me sacaron de la comodidad sacudiéndome por completo, y otras han sido como un descanso para mi alma. En cada una de ellas, siempre elegí seguir la voz de mi amado por encima de todo. Y aunque por momentos no ha sido sencillo, hay una pasión tan grande en mi corazón que me consume por completo, y puedo decir, como dijo el profeta Jeremías, hay un fuego ardiente metido en mis huesos que no puedo resistir, que es más fuerte que yo, y me venció (Jer. 20:9).

Siguiendo las Coordenadas de Dios

La obediencia es la respuesta de un corazón apasionado, y es lo que Dios espera de nosotros cada vez que recibimos una revelación. Según el diccionario de la RAE, la palabra *obediencia* se define como "la acción de acatar la voluntad de la persona que manda". Cada vez que respondemos conforme a la voluntad del Padre, nos volvemos hijos más obedientes. Aun cuando no entendamos totalmente lo que nos está pidiendo, Dios anhela ver una obediencia total, inmediata y alegre de nuestra parte. Ese tipo de obediencia nace de una revelación profunda del amor y la gracia de nuestro Dios.

En Cristo Jesús, encontramos el ejemplo más grande de obediencia. Él es un hijo que siguió cada coordenada que su Padre le dio y, a causa de esa obediencia, cumplió su ministerio y llevó a cabo la obra que Dios le encomendó para hacer aquí en la tierra con éxito. No se resistió, ni cuestionó la voluntad soberana del Padre. No encontramos en la Escritura ni un solo registro de Jesús quejándose por el destino que le tocaba o imponiendo sus propias opiniones al respecto. Jamás lees a Jesús diciendo, "Padre, me parece injusto que me mandes a morir por estos pecadores", "yo creo que deberíamos hallar otra forma de salvar a los hombres", "no estoy de acuerdo con que deba ser yo el que pague por sus pecados". ¿Te imaginas a Jesús hablando de esta manera? De su boca lo único que salió fueron las siguientes palabras:

> *Y él se apartó de ellos a distancia como de un tiro de piedra; y puesto de rodillas oró, diciendo: Padre, si quieres, pasa de mí esta copa; pero* **no se haga mi voluntad, sino la tuya.** *(Lucas 22:41-42)*

¡Qué gran declaración! Cada vez que leo estas palabras me enamoro más de mi Señor. Él conocía cuál era su destino, porque el Padre se lo había revelado y, aun sabiendo todo lo que iba a padecer, decidió someter su propia voluntad a la voluntad divina. Incluso cuando algunas de las personas que lo rodeaban quisieron impedir su sufrimiento —como lo hizo Pedro— no se dejó desviar y no quiso alterar ni una sola palabra del libro del destino, para que todas las profecías se cumplieran a totalidad. Nuestro salvador caminó hacia la cruz por la pasión que había en su corazón de obedecer la voluntad de Dios.

La obediencia es una llave que abre puertas de bendición, es una plataforma que trae la promoción que viene el cielo, es como una catapulta que te envía hacia el lugar correcto, el tiempo correcto y las personas correctas para que tu destino profético se cumpla. Un pequeño acto de obediencia es capaz de marcar generaciones enteras, redimir años de maldición, y desatar la manifestación de la sobrenaturalidad de Dios. Cada vez que eliges obedecer voluntariamente, no solo estás acercándote más a tu destino, también estás tocando a toda tu línea generacional.

Naturalmente nos cuesta vivir una vida de obediencia. Desde pequeños se manifiesta en nosotros la tendencia a hacer lo contrario a lo que se nos pide. Ya al empezar a dar los primeros pasos, nos exponemos a los primeros peligros y, con ello, comenzamos a recibir los primeros "no". "No pongas tus dedos en el conector de corriente", "no corras tan rápido que vas a tropezar y caerte", "no toques ese objeto afilado porque puedes lastimarte", sin embargo, si te sientas a observar, puedes ver a los niños desafiar estas órdenes cientos de veces. Nosotros mismos, en algunas ocasiones, seguíamos a regañadientes las órdenes que nos daban nuestros padres porque no estábamos de acuerdo con ello. Nos enviaban al mercado a comprar pan, pero íbamos arrastrando los pies, porque siempre nos tocaba a nosotros hacer los recados. Limpiábamos el cuarto de mala gana, hacíamos la tarea por la mitad para salir a jugar con los vecinos del barrio, y alguna que otra vez hicimos algún berrinche. Seguramente en este momento puedas recordar alguna anécdota que hasta te resulta graciosa. Con esto, quiero mostrarte que la desobediencia es esa tendencia con la que todos hemos luchado alguna vez, porque forma parte de la naturaleza caída que recibimos del primer Adán.

Raíz y Origen de la Desobediencia

Podemos definir a la desobediencia como una resistencia pacífica a las exigencias o mandatos del poder establecido. Es cualquier elección contraria a lo que Dios ha instruido. Muchas veces pensamos que esto tiene que ver con actitudes extremas o grandes muestras de desacato, pero este es un problema que se encuentra alojado en lo profundo del corazón.

Siempre que haya desobediencia, es cuestión de cavar más profundo para encontrar una mala raíz que se llama *rebeldía*. La rebeldía es la actitud de una persona desafiante que se niega a obedecer y pone resistencia a cualquier tipo de directiva. Es la cualidad de aquel que hace la guerra contra la autoridad. ¿No te suena algo familiar este último concepto?

En el principio, Dios creó todas las cosas, en conjunto con la trinidad, creó al concilio divino, y estableció un orden en los cielos. Hizo a las criaturas celestiales, y le dio a cada una de ellas una labor, una posición, y una participación específica en los planes que iban a ser manifestados. Puso a los seres vivientes a su alrededor, creo a los querubines, a los arcángeles y también a los ángeles. Algunos fueron designados para ser mensajeros, otros serían ministradores, y así el Señor repartió asignaciones entre todos los seres del cielo. Pero en la Palabra encontramos que sucedió algo con uno de ellos en particular. Dios había creado a un querubín grande y protector que estaba en el santo monte y se paseaba en medio de las piedras de fuego. Estaba lleno de sabiduría y hermosura, y era perfecto en todos sus caminos. Él tenía el acceso más cercano a la gloria que se movía alrededor del trono de Dios, y cargaba con una asignación especial entre todos los ángeles creados, pero se halló maldad en su interior y se corrompió. Los profetas Isaías y Ezequiel recibieron una revelación en el espíritu, de la guerra que hubo en los cielos cuando Satanás se rebeló contra Dios.

*Perfecto eras en todos tus caminos desde el día que fuiste creado, hasta que se **halló en ti maldad**. A causa de la multitud de tus* *contrataciones fuiste lleno de iniquidad, y pecaste; por lo que yo te eché del monte de Dios, y te arrojé de entre las piedras del fuego, oh querubín protector. (Ezequiel 28:15-16)*

También el profeta Isaías lo describe:

¡Cómo caíste del cielo, oh Lucero, hijo de la mañana! Cortado fuiste por tierra, tú que debilitabas a las naciones. Tú que decías en tu corazón: Subiré al cielo; en lo alto, junto a las estrellas de Dios, levantaré mi trono, y en el monte del testimonio me sentaré, a los lados del norte; sobre las alturas de las nubes subiré, y seré semejante al Altísimo. Mas tú derribado eres hasta el Seol, a los lados del abismo. (Isaías 14:12-15)

Parece ser que Satanás comenzó a tener sus propios criterios sobre cómo debía ser la adoración celestial. Él pensó que tal vez era tiempo de levantar su propio trono, que Dios era muy autoritario al establecer que la gloria era solo suya, y que él también estaba lleno de buenas cualidades, por lo tanto, también merecía ser adorado. Creyó que el modelo que Dios había establecido no era tan bueno, y que él podía seguir sus propias normas, en otras palabras, quiso usurpar por la fuerza el trono de autoridad y nombrarse a sí mismo un dios.

Querer ser como Dios, es querer determinar las formas y decidir el cómo y el cuándo, es buscar alterar lo que Él ya ha establecido en su soberanía para vivir bajo los mandatos propios. Satanás buscó ser semejante a Dios y fue arrojado a la tierra a causa de su rebeldía junto con todos los demás ángeles que corrompieron su dignidad y abandonaron su morada.

Cuando observo lo que sucedió en el jardín del Edén, encuentro algo que llama mi atención. La serpiente que tentó a Eva y Adán para que comieran del árbol de la sabiduría de la ciencia del bien y del mal, les dijo: *"Serán semejantes a Dios"* (Gn. 3:5). Lo que en realidad estaba buscando, era que el ser humano se rebele contra la autoridad, rechazando sus mandamientos soberanos y que comience a establecer su propio sistema de creencias donde pueda vivir de acuerdo a sus normas, determinando por sí mismo lo que es correcto o incorrecto. Esta es la esencia del humanismo, que quita a Dios del trono y sienta al hombre en su lugar para ejercer autoridad y manejar los asuntos de su vida, siguiendo su propio parecer, es por eso que la Palabra nos dice que muchos a lo malo le llaman bueno, y a lo bueno le llaman malo.

La desobediencia comienza cuando empezamos a crear nuestros propios criterios con respecto a algún tipo de asunto o alguna orden que se nos pide, cuando empezamos a cuestionar las formas, cuando emitimos opiniones y entramos en un desacuerdo con la autoridad. Cada vez que nace un criterio propio, viene la oportunidad para desobedecer las directivas establecidas. No es que nosotros no podamos tener nuestra propia voz o mirada acerca de algo, el problema está en que en muchas ocasiones Dios no nos está preguntando qué es lo que opinamos, sino que está esperando que obedezcamos totalmente. Él lo hace tratando directamente con nosotros, o a través de las autoridades que Él dejó aquí en la tierra para guiarnos durante todo nuestro caminar.

He escuchado que la obediencia tiene que ver con ser débil y con que pierdes autonomía o la capacidad de pensar por ti mismo, pero este tipo de paradigmas tiene que ver con una falta de revelación de lo que verdaderamente es. Algunos tienen tanto conflicto con la figura de autoridad, porque tal vez hay heridas relacionadas con malas experiencias del pasado, pero cuando se revela en tu espíritu la verdad, se derrama algo poderoso en tu corazón que provoca que te reconcilies con la obediencia, y tengas una mirada sana acerca de lo que es la autoridad, al modelo de Dios.

Al obedecer las instrucciones que el Señor nos da, nosotros nos convertimos en los principales beneficiados. Es por eso, que puedo afirmarte que la obediencia trae como resultado bendiciones sin medida, pero la desobediencia genera consecuencias, y algunas son muy dolorosas y amargas.

Acontecerá que, ***si oyeres atentamente*** *la voz de Jehová tu Dios, para* ***guardar y poner por obra*** *todos sus mandamientos que*

> yo te prescribo hoy, también Jehová tu Dios te exaltará sobre todas las naciones de la tierra. Y vendrán sobre ti todas estas **bendiciones**, y te alcanzarán, si oyeres la voz de Jehová tu Dios... Pero acontecerá, **si no oyeres** la voz de Jehová tu Dios, para procurar cumplir todos sus mandamientos y sus estatutos que yo te intimo hoy, que vendrán sobre ti todas estas **maldiciones**, y te alcanzarán. (Deuteronomio 28:1-2, 15)

Con cada acto de obediencia que hacemos, se abre una puerta de bendición, mas una pequeña desobediencia puede abrir puertas de maldición, crear nuevos ciclos de destrucción, establecer patrones de maldad, y torcer el camino hacia el destino profético.

La Obediencia a Medias

Puede que ahora estés reflexionando, y no te consideres una persona que camina en desobediencia. Tal vez estás meditando en cómo llevas tu vida, cómo llevas tu familia, estás revisando tus finanzas, o tu servicio dentro de la iglesia, y piensas que si bien no estás haciéndolo todo como deberías, estás conforme porque al menos no le llevas la contraria a Dios. Quiero que comprendas que, la obediencia a medias, siempre es desobediencia. ¿Cómo es esto? Por ejemplo, tal vez sabes que tienes que cumplir con Dios a través de tus finanzas, pero diezmas solo una pequeña parte y no la totalidad de lo que entiendes que debes hacer. Aunque estés entregando esa parte, Dios no te lo toma en cuenta, porque es una obediencia parcial. A veces escucho que algunos se quejan de su situación financiera, y se enojan con Dios porque no ven su fidelidad, pero yo me pregunto ¿Será que están obedeciendo de una forma total y genuina?

El problema no está en que Dios no cumpla con sus pactos, Él no es mentiroso ni deudor de nadie. El asunto está cuando somos nosotros quienes queremos cumplir a nuestra forma, y a nuestra conveniencia, principios que ya están establecidos, y no deben ser adulterados.

Obedecer a medias, es obedecer lo que se cree suficiente y de acuerdo a nuestros propios parámetros de obediencia. Es como que queremos engañar a Dios. Puedes pensar, "Señor, yo te obedezco en todo, pero no quiero soltar esta relación fuera de orden", "Señor, tú sabes que no estoy cumpliendo con mis finanzas como debería, pero fíjate que estoy ofrendando en cada servicio y también hice alguna siembra la semana pasada". Tratamos de convencer al Señor de que estamos intentando hacer las cosas bien, pero según nuestra opinión. Lo mismo sucede con las demás áreas de nuestra vida.

En lo que respecta al destino profético, debes saber que siempre que recibas una revelación, con ella vendrá una directiva o una coordenada. Pero para asegurar el cumplimiento de este, debe existir una obediencia total.

Meditemos en la vida de un hombre que vivió en medio de uno de los tiempos más oscuros del pueblo de Israel. En ese momento, gobernaba el pueblo una mujer llamada Jezabel, enemiga y perseguidora de los profetas. De origen fenicio, nacida y formada como sacerdotisa de Asera, y servidora de Baal, introdujo en el pueblo de Dios la idolatría y toda clase de actos inmorales y despiadados. Usurpó el trono de su marido Acab y se negó a vivir sometida bajo su autoridad, ella controlaba y manipulaba para hacer todo según su conveniencia. Es en ese contexto, que el profeta Eliseo recibe la revelación de que se levantaría un hombre que destruiría a esta mujer y a todo su linaje, y se sentaría en el trono de Israel para gobernar con justicia. Eliseo toma a un joven de la compañía de profetas y lo envía con la instrucción de ungir al futuro rey de Israel y profetizar sobre él. Este joven profeta se encuentra con Jehú y al verlo, unge su cabeza con aceite y declara sobre él las siguientes palabras:

> *Y él se levantó, y entró en casa; y el otro derramó el aceite sobre su cabeza, y le dijo: Así dijo Jehová Dios de Israel:* **Yo te he ungido por rey** *sobre Israel, pueblo de Jehová.* **Herirás la casa de Acab** *tu señor, para que yo vengue la sangre de mis siervos los profetas, y la sangre de todos los siervos de Jehová, de la mano de Jezabel. Y perecerá toda la casa de Acab, y destruiré de Acab todo varón, así*

> *al siervo como al libre en Israel. Y yo pondré la casa de Acab como la casa de Jeroboam hijo de Nabat, y como la casa de Baasa hijo de Ahías.* **Y a Jezabel la comerán los perros** *en el campo de Jezreel, y no habrá quien la sepulte. En seguida abrió la puerta, y echó a huir. (2 Reyes 9:6-10)*

Aquí vemos la revelación de un destino, y las instrucciones a seguir para que la palabra profética se cumpla. Estaba escrito en el libro del destino que Jehú se convertiría en el rey de Israel y en aquel que acabara con el reinado de Acab y con la vida de su mujer Jezabel. La Escritura nos muestra en los capítulos siguientes del libro de 2 Reyes, que este hombre caminó en obediencia a la palabra profética. Tal y como se le ordenó, destruyó la vida de Acab y todos sus descendientes varones, mató a todos los profetas de Baal y dio la orden de que tiraran por la ventana a Jezabel para que los perros comieran sus carnes. Más tarde, como Dios había prometido, se sentó en el trono de Israel y gobernó allí por veintiocho años, pero no fue capaz de obedecer totalmente.

> *Así exterminó Jehú a Baal de Israel. Con todo eso, Jehú* **no se apartó de los pecados de Jeroboam** *hijo de Nabat, que hizo pecar a Israel; y* **dejó en pie los becerros de oro** *que estaban en Betel y en Dan. (2 Reyes 10:28-29)*

Jehú obedeció a medias, no extermino totalmente la idolatría del pueblo de Israel y dejó en pie los becerros de oro en el templo. El siguiente versículo que le sigue a este, dice que no cuidó de andar en la ley de Jehová con todo su corazón.

Idolatría es todo aquello que ocupa el lugar de Dios en nuestro corazón, es eso en lo que se van tus fuerzas, tu tiempo y tus recursos. Tú darás la vida por ese rey que se siente en el trono de tu alma. Probablemente, no tengamos un becerro de oro en nuestra casa al que le rendimos culto, pero puede que existan ídolos en nuestra vida que pasan inadvertidos.

Son los ídolos que nosotros mismos levantamos los que muchas veces nos estorban para poder caminar hacia el destino profético. La Palabra nos muestra que uno de los atributos de Dios, es su celo (Éx. 20:5; Dt. 4:24; Jos. 24:19). Él es un Dios celoso de tu corazón, y no está dispuesto a entrar en una competencia por el primer lugar. He podido entender que todo lo que colocamos primero en nuestra vida, Dios nos lo pedirá para probar nuestra obediencia y fidelidad. ¿Qué es lo que Dios te está pidiendo en este tiempo? ¿Estás respondiendo con una obediencia radical o aún hay áreas que no puedes rendir totalmente?

Si estás deseando ver un rompimiento en todas las áreas de tu vida, vas a tener que derribar todo monumento que va en contra de la Palabra de Dios, vas a tener que pararte y tirar todo baluarte que se ha levantado y va en contra de lo que el cielo quiere operar en ti, y hacerlo con violencia. Desecha los becerros de oro, y asegúrate de cumplir totalmente las instrucciones que Dios te está dando.

Pequeñas Desobediencias, Grandes Pérdidas

Muchas veces tendemos a pensar que la obediencia solo es necesaria en situaciones extremas, pero déjame decirte que esta también se manifiesta en los pequeños actos y en los detalles que aparentemente son minúsculos. Existirán momentos donde Dios te refinará tanto, que te pedirá fidelidad en órdenes que talvez te parezcan insignificantes, pero que son claves para que llegues a la meta final. Mientras más camino recorras y más cerca estés de dar en el blanco, deberás poner más atención.

En la Palabra encontramos a una mujer que, por una mínima acción fuera de la orden de Dios, quedó paralizada en el camino sin llegar jamás a la tierra de la promesa. Se trata de la mujer de Lot. Ellos vivieron en un tiempo de mucha maldad, en la ciudad de Sodoma y Gomorra. Los habitantes de ese lugar eran tan malvados que encendieron la ira de Jehová, y a pesar de que Abraham clamó con todo su corazón para que la ciudad no fuera destruida, la decisión ya estaba tomada. Aun así, Dios tuvo misericordia de Lot y toda su familia, es por eso que envío ángeles que los tomaran de la mano y los sacarán fuera de esta tierra antes que el juicio caiga sobre ella para poder preservar sus vidas. Cuando estos mensajeros se acercaron a este hombre, le dieron la orden de salir inmediatamente del pueblo porque el fuego estaba a punto de consumir todo el territorio.

> *Y cuando los hubieron llevado fuera, dijeron:* **Escapa por tu vida; no mires tras ti**, *ni pares en toda esta llanura; escapa al monte,* **no sea que perezcas.** *(Génesis 19:15)*

La orden era muy clara: toma a tu familia, escapa de esta ciudad y no vuelvas tu mirada hacia atrás porque perecerás. Sucedió que mientras iban por el camino, la esposa de Lot se detiene para mirar atrás con nostalgia y para contemplar todo lo que las llamas estaban consumiendo.

> *Entonces la mujer de Lot* **miró atrás**, *a espaldas de él, y* **se volvió estatua** *de sal. (Génesis 19:26)*

Todo lo que no se pone en movimiento bajo la directiva de Dios, se convierte en un monumento. Esta mujer, quedó literalmente paralizada en medio del camino hacia la tierra segura. Eso es lo que sucede cada vez que elegimos ser flexibles con las órdenes que Dios nos entregó. Una pequeña acción es capaz de generar grandes repercusiones, y puede producir una parálisis tan fuerte, que solo por el poder del Espíritu Santo tus pies pueden recibir nuevas fuerzas para volver a caminar.

¡Yo declaro que, a través de esta revelación, toda parálisis en tu caminar, que vino a causa de la desobediencia, se rompe en el nombre de Jesús! ¡Todo estancamiento, fruto de decisiones mal tomadas, se quiebra por el poder del Espíritu Santo de Dios en ti! ¡Declaro que te envuelve por completo como un viento recio para moverte del lugar donde te habías quedado atrapado por años, y recibes el impulso que necesitas para seguir avanzando!

La Aprobación de las Personas

Mientras caminas hacia el blanco, debes tener la plena certeza de que estás caminando en la dirección que Dios te está indicando, que estás haciendo aquello que Él está pidiéndote, que no estás siguiendo el consejo de tu corazón ni estás apoyándote en tu propia prudencia y que tampoco caminas por la opinión de los demás. Parte de vivir una vida de obediencia, es asegurarte que realmente estás atendiendo al consejo del Espíritu Santo, aunque este vaya en contra de la opinión pública.

La obediencia a la voz de Dios, en ocasiones implica aprender a convivir con la desaprobación de las personas. Quien vive por los aplausos y la aprobación de los demás, morirá también por su rechazo. Observa lo que decía el apóstol Pablo a los gálatas.

> *Pues, ¿busco ahora el favor de los hombres, o el de Dios? ¿O trato de agradar a los hombres? Pues si todavía agradara a los hombres, no sería siervo de Cristo. (Gálatas 1:10)*

La claridad que tenía este hombre acerca de su propósito era tan certera, se necesita seguridad y convicción en el espíritu para hacer semejante declaración. Él estaba hablando de su ministerio frente a toda la iglesia y lanza esta verdad que nos impacta hasta nuestros días. Cada vez que caminamos buscando el favor y la aprobación de las personas, estamos alejándonos del diseño auténtico de Dios para nuestras vidas. No es malo pedir consejo, el problema está en que muchas veces corremos tras la gente, en lugar de ir primeramente a la presencia de Dios al lugar secreto y permanecer allí hasta recibir las respuestas que necesitamos. Escuchamos tal vez a diez personas diferentes, buscamos opiniones de todo tipo, y puede que todas sean diferentes, entonces, al final de día, entramos en tal confusión porque hay demasiado ruido a nuestro alrededor.

Todo lo que necesitas está dentro de ti, allí en lo profundo de tu corazón hay una voz que está por encima de todas las voces, aun por encima de tu propia voz, y es la voz del Espíritu Santo. Puede que tú lo escuches con claridad y sepas lo que está pidiéndote, pero si todavía vives por la aprobación de otros, cuando el consejo de las personas sea contrario a la revelación que recibiste, terminarás desobedeciendo a Dios, solo por sentir que quedaste bien con la gente. Créeme que no hay peor cosa que recibir aplausos en la tierra, pero al mismo tiempo sentir la desaprobación del cielo.

Debemos renunciar a la necesidad de complacer a las personas, y al hambre por la aceptación humana, porque si no lo hacemos pronto, podemos perder la asignación que Dios nos dio y adulterar el diseño original con el que nos creó. Quiero mostrarte el ejemplo del rey Saúl, uno de los reyes que más recordamos del pueblo de Israel. La forma en la que se encontró con su destino profético y su llamamiento fue fuera de lo común. En él podemos aprender como en un contexto ordinario y cotidiano sucede algo totalmente extraordinario, y como las aparentes casualidades de la vida, se transforman en escenarios divinos que te conectan con tu propósito eterno.

Su historia nos muestra a un hombre que, saliendo a buscar las asnas perdidas de su padre, se encuentra con un profeta de Dios y termina recibiendo la unción de gobierno para convertirse en el rey de Israel. Sin embargo, tenía algunos problemas en su corazón que todavía no podía resolver, como la baja autoestima, los celos, la inseguridad, y la necesidad de aprobación constante. Esto lo llevó a estimar el consejo del pueblo mucho más de lo que estimaba el consejo de Dios. En el capítulo trece del libro de primera de Samuel, encontramos que Israel estaba atravesando por un tiempo de guerra contra el pueblo filisteo, y era tanto el temor que había en ellos, que todos estaban escondidos en cuevas, y esperando que su rey, Saúl, tome decisiones que los pongan a salvo. El profeta Samuel había dado algunas instrucciones al rey, pero incluían esperar un tiempo específico para recibir estrategias claras.

Saúl esperó el tiempo designado, pero el pueblo comenzó a presionarlo porque los filisteos se acercaban. Es así que muchos comenzaron a desertar y, al encontrarse solo, Saúl ofreció holocaustos a Dios en lugar de esperar como debía hacerlo, para obtener el favor de las personas. Al llegar el profeta samuel y ver los holocaustos, reprende al rey por su desobediencia.

> *Entonces Samuel dijo a Saúl: Locamente has hecho;* ***no guardaste el mandamiento de Jehová tu Dios*** *que él te había ordenado; pues ahora Jehová hubiera confirmado tu reino sobre Israel para siempre. Mas ahora* ***tu reino no será duradero.*** *Jehová se ha buscado un varón conforme a su corazón, al cual Jehová ha designado para que sea príncipe sobre su pueblo,* ***por cuanto tú no has guardado lo que Jehová te mandó.*** *(1 Samuel 13:13-14)*

Correr tras la voz de las personas te puede llevar a perder la posición que Dios te dio, tal como le sucedió a este rey. Cuando tú buscas la aprobación de los demás, no tienes la plena convicción de quién te llamó. En algunos momentos te tocará caminar en soledad sin que nadie crea en lo que estás haciendo, sin que crean en lo que Dios te encomendó. Algunos comenzarán a criticar, otros simplemente se alejarán y hasta pensarán que tu tiempo se acabó.

Quienes tenemos en nuestros hombros la tarea ministerial, sabemos bien que se viven tiempos de soledad, de murmuración, a veces se levantan los vientos contrarios de la crítica, pero debemos estar firmes en aquello que sabemos que Dios nos entregó sin adulterarlo, sin diluirlo, sin mezclarlo. Tenemos que poner atención en no caer en la trampa de la aprobación pública y terminar intercambiando el diseño original que Dios nos dio por uno más popular. Yo estoy segura a lo que Dios me ha llamado, peleo y batallo por lo profético, porque sé que es la esencia que está en mí, está en mi diseño.

Recuerdo una temporada que estábamos atravesando como iglesia de transición en la adoración, y era como que la gente no entendía. Hacíamos servicios donde le dábamos libertad al fluir en la adoración, pero cuando abría los ojos, veía a algunos mirando su reloj para ver a qué hora se terminaba, a otros les daba sueño. En medio de eso solo podía escuchar la voz del Espíritu Santo decirme: "tú sigue adorando, sigue moviendo tus manos, no te detengas y verás cómo toda la atmósfera comenzará a cambiar". Al principio lo sufría tanto, hasta que poco a poco comencé a ver cómo el ambiente de adoración comenzaba a cambiar. Las personas empezaban a meterse en este río y a disfrutar estos tiempos. Hoy, la adoración profética es una de las marcas que está dentro del ADN de casa Tsebaoth, porque lo hemos conquistado juntos. Si me hubiese detenido por la opinión de la gente, y no hubiese atendido a lo que el Espíritu Santo me estaba diciendo, no veríamos mucho de lo que hoy tenemos en casa, no hubiésemos conquistado muchos territorios.

Tengo la firme convicción de que recibirás en este tiempo una revelación tan clara sobre tu diseño y tu destino, una revelación que traerá la afirmación que necesitas para caminar en obediencia a la guía de Dios. Toda necesidad de aprobación, será saciada por la voz del Padre, que te dice "Tú eres mi hijo amado, eres mi hija amada, en quien me deleito". No permitas que el ruido exterior y que los vientos de la crítica te hagan claudicar en tu decisión de obedecer a Dios. No importa si la gente te da la espalda, no importa si no creen en ti, aun cuando nadie logre ver lo que tú ya viste en el espíritu, sigue caminando. Aunque el precio de tu obediencia sea el rechazo de las personas, aunque seguir la revelación te traiga afrenta, no te detengas.

Aquellos que están llevando adelante su ministerio les digo que no adulteren lo que Dios les dio, no cambien su diseño por la popularidad o por las modas del momento, continúen abrazando la forma que se les entregó. Muévanse en la identidad propia, sigan ejecutando las estrategias del cielo, no se dejen desviar por los aplausos o las "sugerencias" de otros que contradicen las instrucciones que el Señor les ordenó, porque al final de los tiempos a quien daremos cuenta de lo que está en nuestras manos, es al Alto y Sublime que está sentado en su trono, al Creador que hizo los cielos y la tierra, al que repartió dones a los hombres, al que escribió los libros en el cielo con su dedo y que nos hizo para su gloria y alabanza.

Aléjate del Anatema

Además de ofrecer holocaustos aquel día, el rey Saúl continúo desobedeciendo a Dios y desatendiendo los consejos del profeta Samuel. Algunos capítulos más adelante del relato anterior, encontramos la victoria de Israel sobre los amalecitas, otro de sus enemigos. La instrucción de Dios era destruir absolutamente todo.

> *Ve, pues, y hiere a Amalec, **y destruye todo lo que tiene**, y no te apiades de él; mata a hombres, mujeres, niños, y aun los de pecho, vacas, ovejas, camellos y asnos... Y Saúl y el pueblo **perdonaron a Agag**, y a lo mejor de las ovejas y del ganado mayor, de los animales engordados, de los carneros y **de todo lo bueno, y no lo quisieron destruir;** mas todo lo que era vil y despreciable destruyeron. (1 Samuel 15:3, 9)*

Nuevamente, por el aliento de un pueblo eufórico, Saúl guarda parte del botín de guerra y le perdona la vida al rey de los amalecitas. Esto se había convertido en un anatema.

La palabra *anatema* significa apartado, maldito, cortado como se amputa un miembro. Dios había sido claro, pero otra vez este hombre decide seguir su propio parecer, respaldado por Israel, que sostenía que había que preservar la vida de los animales para ofrecerlos a Dios en holocausto.

Dios nunca aprobará aquello que te ordenó no tocar, aun cuando tengas las mejores excusas y pretextos para conservarlo, seguirá siendo anatema. Tú puedes decir que ofrendarás, que diezmarás de eso que no debes tocar, pero Dios no va a recibir ese sacrificio porque es en esencia desobediencia.

> *Y Samuel dijo: ¿Se complace Jehová tanto en los holocaustos y víctimas, como en que se obedezca a las palabras de Jehová? Cierta-*

*mente el **obedecer es mejor que los sacrificios, y el prestar atención que la grosura de los carneros.*** *(1 Samuel 15:22)*

Algunos se sacrifican tanto para la obra de Dios, hasta el agotamiento, hacen ofrendas y se acercan a los líderes para dar grandes sumas de dinero, cuando todo lo que el Señor está pidiendo es obediencia, y no grandes sacrificios. Tú puedes dar todo lo que tienes para el Señor, tu tiempo, tu dinero, tus recursos, o tus fuerzas, pero si no estás entregándole tu obediencia, Dios no tiene en cuenta nada de lo anterior. Esta verdad es transformadora y al mismo tiempo nos trae libertad. El secreto no está en lo mucho que podamos hacer, sino en hacer aquello que Dios nos ordenó. Si no estamos siendo obedientes y fieles como respuesta a la revelación del Espíritu Santo, aunque estemos sacrificándonos, es una ofrenda que no agrada al cielo.

Fuego Extraño

Otro tipo de desobediencia es cuando queremos servir a Dios con nuestras manos, pero con el corazón incorrecto o de la forma incorrecta. Cuando alteramos lo que Él ya estableció, y comenzamos a hacer las cosas a la forma que mejor nos conviene o nos parece —aunque sea para nuestro Señor—, estamos ofreciendo fuego extraño. Ejercer nuestros dones, movernos en nuestra asignación o levantar nuestro ministerio lejos de la instrucción de Dios, es ofrecerle fuego extraño, es hacer las cosas que se supone que debemos hacer, pero de la manera incorrecta, de la forma que el Señor nunca nos mandó hacer. Esto es la esencia de la falsa adoración. Si la adoración genuina y pura se caracteriza por una obediencia radical que nace de un corazón apasionado, lo que distingue a la adoración falsa es la mezcla entre lo santo y lo profano, que viene cuando el hombre trata de calzar su propio criterio con el mandato de Dios.

Quiero que puedas recordar la forma en la que la presencia de Dios se encontraba con los hombres en el Antiguo Testamento. En esos tiempos se le entregó a Moisés la revelación del tabernáculo, una tienda levantada en medio del desierto, llena de simbología profética y espiritual, donde los hombres ministraban y la gloria de Dios caía. Las formas, el orden y el modelo correcto de cómo debían hacerlo les fue entregado a todos los ministros para que se cumpliera totalmente. Solo el sumo sacerdote y toda su línea generacional tenían la asignación especial de entrar a espacios reservados para ministrar y ofrecer sacrificios para el perdón del pecado de todo el pueblo de Israel. Los hijos de Aarón, conocían la forma correcta y la liturgia necesaria para entrar al tabernáculo a ministrar, pero decidieron hacer a su propia forma. Lo que sucede después de este acontecimiento es el furor de la ira de Dios consumiéndolos y quitándoles la vida.

> *Nadab y Abiú, hijos de Aarón, tomaron cada uno su incensario, y pusieron en ellos fuego, sobre el cual pusieron incienso, y ofrecieron delante de Jehová* **fuego extraño***, que* ***él nunca les mandó****.*
> *(Levítico 10:1)*

Aunque el destino profético de Nadab y Abiú era nacer bajo el manto sacerdotal y moverse en la posición de ministros del corazón de Dios, ellos decidieron hacerlo en su propio criterio, sin respetar las formas sagradas. El objetivo y la meta probablemente sean los correctos, y hasta puedes estar fluyendo en tu asignación, pero si intentas cambiar la fórmula original según tu propia conveniencia, nuevamente, repito, es fuego extraño.

Ellos no solo alteraron la fórmula, sino que también lo hicieron a espaldas de su padre, Aarón, el sumo sacerdote y la figura de autoridad espiritual que Dios había establecido. El corazón de este padre se dolió en gran manera por la muerte de sus dos hijos, como resultado de su desobediencia. Este hombre conocía el destino profético que había en ellos. El aceite de la unción que había sido derramado en su cabeza también se había derramado en su linaje, el manto sacerdotal que portaba, envolvía a su generación, todas las palabras proféticas que había recibido incluían a sus descendientes.

La desobediencia no solo trae maldición, sino deshonra al manto que te envuelve y te cubre. Cuando nosotros decidimos no seguir las instrucciones y caminar en nuestro parecer, no solo afectamos nuestro destino profético, sino que provocamos un dolor en el corazón de aquellos que nos aman y que Dios ha puesto como nuestra cobertura espiritual para que lleguemos con más precisión y puntería a la meta. Yo he llorado por personas que han tomado la decisión de caminar solos y salirse de nuestro lado, pero no lo hice por nostalgia, sino porque sabía que Dios los había traído a causa de su destino profético. Nunca los maldecimos, ni les decimos que su propósito no se va a cumplir, porque no operamos bajo la hechicería, todo lo contrario, los bendecimos, oramos por ellos y les agradecemos por el tiempo que caminamos juntos. Algunos regresan luego de un tiempo y los recibimos con los brazos abiertos nuevamente, pero hemos llorado porque entendemos el peso que tienen las decisiones en el cumplimiento de los destinos. Que alcances tu propósito de vida, siempre será de suma importancia para aquellos a quienes Dios entregó la tarea de cubrirte, formarte y guiarte.

En Conflicto con la Figura de Autoridad

Sométase toda persona a las autoridades superiores; porque **no hay autoridad sino de parte de Dios**, *y las que hay,* **por Dios han sido establecidas**. *De modo que quien se opone a la autoridad, a lo establecido por Dios resiste; y los que resisten, acarrean condenación para sí mismos. (Romanos 13:1-2)*

He escuchado a algunos que dicen no tener problema con obedecer a Dios, pero cuando se trata de sujetarse a alguna autoridad en la tierra, empiezan los conflictos. Este problema se manifiesta en muchos ámbitos; primeramente, con los padres; luego, siguen los maestros en el colegio, y, más tarde, los podemos ver llevándole la contraria a sus jefes en su trabajo, y hasta desobedeciendo las leyes públicas. Tiempo después pueden llegar a conocer al Señor, y todo es hermoso para ellos, hasta que se encuentran que en la iglesia también hay autoridades que Dios puso para guiarnos en amor. Es común escuchar que de sus bocas salen frases como, "solo me someto a Dios", "Mi autoridad y mi cobertura es Cristo, no ningún hombre". De esta manera, tenemos "llaneros solitarios" de la fe que se mueven sin rendir cuentas a nadie, viviendo bajo sus propios criterios la vida cristiana y queriendo llegar a la meta, aunque corran en soledad. Puede que estén dentro de una comunidad de fe, pero siempre encontrarán la ocasión para manifestar sus criterios propios, justificar la falta de obediencia, y ponerse en pie de guerra contra la autoridad. Quiero decirte que quien golpea contra la autoridad, está golpeando contra sí mismo, y quien deshonra el manto que le cubre, busca su propia deshonra. Puedo mostrarte con la Palabra, que aquellos que decidieron rebelarse contra la autoridad que Dios estableció terminaron sepultando su destino profético y el de su generación, casi de una forma literal.

Cuando el pueblo de Israel salió de Egipto, en medio de su viaje por el desierto, Dios comenzó a organizarlos por tribus, y también repartió asignaciones entre ellos. Estableció el modelo del tabernáculo, como el punto de encuentro con su pueblo, y levantó la figura de los sacerdotes, quienes serían los encargados de ministrar su presencia y ser mediadores para Israel. Dios eligió a Aarón y a todo su linaje para consagrarlos de entre todas las familias, y que ejerzan la función sacerdotal. Ellos se comunicaban con Dios, intercedían por los pecados del pueblo, y guiaban a las personas a obedecer y llevar una vida agradable al Señor. Pero de entre el mismo pueblo se levantó una tribu de levitas, que tenía su propia opinión al respecto de cómo debían hacerse las cosas. Coré, Datan y Abiram, junto con otros doscientos cincuenta israelitas, hombres de autoridad, se unieron para exponer su descontento.

> *Todos ellos se reunieron, se enfrentaron con Moisés y Aarón, y les dijeron:*
> *—¡Basta ya de privilegios! Todo el pueblo ha sido consagrado por Dios, y el Señor está con todos nosotros. ¿Por qué se levantan ust-*

edes como autoridad suprema sobre el pueblo del Señor? (Números 16:3)

La rebelión siempre tratará de buscar aliados, y buscará contaminar el corazón de otros para sembrar la misma semilla, de igual manera que sucedió con Lucifer y los ángeles en el cielo. Habrá gente que se levante con comentarios como, "yo creo los pastores se están desviando de la visión", "las cosas deberían hacerse de otra forma, no estoy de acuerdo con las decisiones que se están tomando", y de esta manera empiezan a levantar criterios personales, pero no contentos con eso, buscan involucrar a más personas. Hasta se juntan en las casas donde hacen reuniones con comidas de por medio, donde se golpea a todos los ministros de la iglesia. Yo siempre digo que, si en algún momento ven que me estoy equivocando, más vale oren por mí para que Dios me lo muestre por su Espíritu Santo, y que no se preocupen demasiado, porque seré yo quien rinda cuentas al Señor.

Quien vive con una actitud desafiante contra las autoridades, solo está atentando contra su destino profético, acarreando maldición no solo para sí mismo sino para toda su generación. El Señor demostró, a través de señales, que había consagrado y elegido al linaje de Aarón como sacerdotes, confirmando su ministerio delante de todo el pueblo, y a causa de la rebelión de Coré, Datán y Abiram, la tierra se abrió y los tragó a ellos, a sus familias y a todos sus bienes. Su destino profético quedó literalmente sepultado ese día.

Cuando tú logras tener revelación de la bendición que se desata cuando vives bajo autoridad, nunca más vuelves atrás. El estar bajo autoridad y cobertura, te protege, te afirma y te direcciona para que llegues al propósito que Dios tiene para ti, sin desviarte ni a izquierda ni a derecha; te hace más ágil, robusto y sabio, al mismo tiempo que te evita heridas y te protege de las acechanzas del enemigo.

Debes saber que nadie llega solo al cumplimiento del destino profético. Quienes cumplieron con su asignación aquí en la tierra, lo han hecho con la guía y la ayuda de personas claves que Dios puso en el camino. Él nos provee de hombres y mujeres que nos ayudan en nuestro proceso de formación, y nos imparten de una manera poderosa para llegar más rápido y más lejos. Yo honro la vida de mi padre espiritual, el apóstol Rony Chaves, él es una bendición para nuestras vidas.

A veces estamos en conflicto con la figura de autoridad producto de malas experiencias y heridas que todavía están abiertas. No podemos reconciliarnos con la imagen de autoridad celestial porque hemos tenido problemas con las figuras terrenales. Puede que tú digas, "Pastora, es que usted no sabe lo que me hicieron, no conoce cuanto me han lastimado", y quizás halles cientos de excusas para justificar tu proceder. Tal vez creciste en un hogar donde fuiste formado por padres autoritarios, que ejercieron su función de crianza con aspereza y rudeza. Puede que recuerdes castigos injustos, malos tratos, y violencia verbal o física. Algunos han esperado la mayoría de edad para huir de sus hogares, para comenzar a vivir una vida más feliz y nunca más sentirse sometidos o humillados. O quizás, vienes de un modelo de familia disfuncional, donde sufriste el abandono de alguno de tus padres, y creciste sin la guía y los consejos de quienes debían enseñarte, mediante la corrección sana, la manera de conducirte por esta vida con valores y principios fundamentados en la Palabra. Puede que tal vez tus padres conocían a Cristo y te llevaban cada domingo a la iglesia, pero que en casa las cosas eran algo diferentes y el ejemplo que veías a diario era muy diferente de lo que agrada a Dios.

Muchos de nosotros crecimos en hogares no cristianos y, si bien nos formaron con buenos valores morales, también aprendimos algunas conductas que cuando llegamos al Señor nos dimos cuenta de que estaban tan alejadas de lo verdaderamente le agrada. Luego que llegas al camino de Dios, conoces la verdad de la Palabra y empieza una transformación poderosa en todo tu ser, ahora tienes una vida diferente, y sientes el fuego de la pasión ardiendo en tu corazón, quieres vivir agradando al Señor y haciendo su voluntad. Pero tal vez te encontraste con líderes que abusaron de ti, y nuevamente se abren las heridas. Manipulación, autoritarismo, normas fundamentadas en el legalismo son algunas de las cuestiones que a veces suceden dentro de las iglesias y por las cuales muchos salen lastimados al punto de no querer volver jamás a una congregación de fe. Ni les mencione a Dios, ni quiera hablarles de la Biblia, porque no quieren saber nada acerca de esto. Se alejan del camino correcto y comienzan a vivir la vida de acuerdo a su propio criterio, porque hay heridas en sus corazones que tienen que ver con la figura de autoridad.

No malinterpretemos, no es que debemos reprochar por el lugar donde crecimos, o por los padres que nos tocaron. Tampoco debemos deshonrar a quienes nos ayudaron a dar nuestros primeros pasos. Todo lo contrario, damos gloria a Dios porque todo eso forma parte del libro de nuestro destino profético, pero al hablarte esto quiero que comprendas cuán necesario es que recibamos sanidad y una perspectiva correcta sobre la autoridad.

Algunos llegan nuevamente a la iglesia después de mucho tiempo, y los recibimos con amor y misericordia, los cuidamos, los vendamos, y los cargamos en los brazos como un pastor que lleva a las ovejas heridas. Los colocamos en nuestro pecho y los acompañamos en todo el proceso de recuperación. Pero sucede que, si no está sana la figura de autoridad, a la primera corrección que reciben, vuelve a manifestarse ese conflicto no resuelto y buscan huir nuevamente. En todos estos años me ha tocado formar cientos de personas, y puedo decir que algunas ovejas me han mordido y me han golpeado, unas han sido más difíciles que otras, pero soy testigo del poder transformador que hay en la impartición de modelos sanos de autoridad y paternidad.

Muchos llegaron difíciles y hubo que enlazarlos con cuerdas de amor para poderlos formar, pero amo ver cómo Dios obra en sus vidas. Hoy muchos nos llaman "padres" a mi esposo y a mí, y podemos reírnos juntos de cómo fueron sus comienzos con nosotros. Han pasado los años, y algunos de ellos ya están encausados en su destino profético, repartidos entre las naciones de la tierra llevando adelante grandes obras que Dios les ha entregado, y aun recibo en mi teléfono celular sus mensajes, "madre, estoy orando por usted", "madre, quiero contarle lo que Dios está haciendo aquí". Yo digo que una parte de mí, está en ellos.

Me gozo en que el Señor nos haya escogido, junto con mi esposo, para ser canales de impartición y transformarnos en padres de generaciones. No tenemos grandes cosas que ofrecer, pero tenemos un corazón que arde de pasión por la obra de Dios y por ver manifestado su reino aquí en la tierra, y hemos abrazado con fuerza todo lo que Él nos ha entregado. Amamos a nuestros hijos espirituales, ellos son el cumplimiento de muchas palabras recibidas a lo largo de los años, y la cosecha luego de tanta siembra. Los hemos tomado en la condición en la que estaban, y hemos creído en el destino profético que Dios escribió para sus vidas. El proceso de formación no ha sido sencillo, pero nos llenamos de amor y de paciencia hasta ver materializada la obra terminada que vimos por el espíritu. Algunas personas se me han acercado y me han dicho, "pastora, usted no sabe quién está caminando a su lado", "¿cómo puede usted caminar con alguien así?", y yo les respondo que lo sé muy bien, porque gracias a los dones que Dios me ha entregado puedo discernir, pero también soy capaz de ver la magnitud del oro que hay escondido como un tesoro en el interior, puedo ver el diseño original y la pieza maestra de Dios terminada. Yo creo en eso, y amo ser parte de esos procesos tan increíbles.

Nos hemos desvelado madrugadas enteras con mi esposo ministrando liberación en la sala de nuestra casa. Pasamos vigilia tras vigilia cubriendo la vida de nuestros hijos de los ataques del enemigo. A otros, incluso los tuvimos un tiempo viviendo con nosotros, porque amamos formar a las personas.

Hoy, nos alegramos cada vez que nos llaman para contarnos buenas noticias, o porque necesitan dirección a través de un consejo y, a pesar de que son tantos los hijos, es como que nuestro corazón se ha ensanchado. El manto que Dios ha puesto sobre nuestros hombros cubre también a nuestros hijos, y a los hijos de nuestros hijos. Doy gloria a Dios, porque han sido enseñados en la cultura de honra y obediencia voluntaria en amor, no por temor al castigo, no por manipulación, sino por la impartición del modelo de autoridad sano, que Dios nos muestra en su carácter.

¡El Padre te está enlazando con cuerdas de amor, y está ciñendo tus lomos a los suyos, de modo que ya no podrás vivir según tus propias formas, sino que extenderás tus brazos y te dejarás guiar por Él! ¡La voz de Dios tronará tan fuerte dentro de ti que callará cualquier otra voz contraria! Esa voz, hoy está hablándote con claridad y declaro que eres capaz de responder de una forma total y radical a las revelaciones que están llegando desde el cielo. ¡El Espíritu Santo vendrá con un ungüento tan fuerte sobre tu corazón que sanará toda herida relacionada con modelos distorsionados de autoridad, y te encontrarás con el carácter de Dios que te da la perspectiva correcta!

Mi oración es que en los próximos días experimentes cambios acelerados en tu forma de vivir. Tal vez hasta este momento habías caminado de una forma independiente, de acuerdo a tu propia opinión, pero por la impartición que estás recibiendo, tu caminar es mudado. Puede que debas tomar algunas decisiones radicales, o quizás debes acercarte nuevamente a las personas que Dios estableció para guiarte y empezar a soltar honra sobre sus vidas, pero recuerda responder de forma total, inmediata y alegre. Un corazón obediente siempre será la antesala para la manifestación sobrenatural del Espíritu Santo.

6

Tercer Enemigo: El Pecado

Imagina por un momento un mundo sin pecado. ¿Cómo sería nuestro mundo si no existieran las guerras y los conflictos? ¿Qué sucedería si no existieran los robos, los homicidios y la violencia en nuestras calles? ¿Qué hubiera sucedido si todos los hombres fueran perfectos como lo fue Adán antes de desobedecer a Dios? Yo creo que esta tierra sería más bella, y nuestro caminar por esta vida, mucho más sencillo.

Al ver la injusticia, la enfermedad, la sangre de los inocentes derramada, los desastres naturales y los conflictos que envuelven a las naciones, debemos entender que nunca estuvo en la mente de nuestro Señor que su creación viviera cosas semejantes. El pensamiento original de Dios está plasmado en el jardín del Edén. Su intención desde el principio fue caminar con los hombres en una relación de profunda cercanía, y que la tierra respondiera dando buenos frutos. ¿Puedes imaginar cómo fueron aquellos primeros días? Aire limpio y puro, agua cristalina, grandes cosechas, y también pureza e inocencia en el corazón del hombre. ¡Solo imagina despertar cada mañana con la voz audible de Dios llamándote por tu nombre para encontrarse contigo cara a cara! Me conmueve pensar en esos primeros días, y me uno al gemir de toda la creación esperando el momento de su redención.

Cuando comparamos el diseño original del Edén con nuestro mundo actual, corrupto y caído, podemos comprender el peso del pecado y cómo Satanás lo utiliza para obstaculizar, demorar e incluso abortar los propósitos de Dios. Así como lo hizo en el huerto, sigue utilizando esta herramienta para apartar a muchos de su destino profético. Satanás busca engañarte a través del pecado para desviarte de tu destino profético. Mas hoy creo que velos de engaño van a caer mientras lees las próximas líneas. Oro que venga una conciencia tan fuerte del propósito que muchos enderezarán sus pasos y saldrán del lodo cenagoso para caminar en la senda perfecta.

Si nos adentramos en el origen de la palabra *pecado*, encontramos que en el griego original se utiliza la palabra *hamartia*, que significa literalmente errar al blanco. ¡Cuánta revelación podemos encontrar en esta definición! Solo recuerda el concepto de destino que hemos aprendido: una flecha que da en el blanco. Pecado es errar fuera del blanco perfecto de la voluntad de Dios, obrar fuera de sus propósitos y designios, y fuera de sus mandamientos plasmados en su Palabra. Lo que produce el pecado es que esa flecha lanzada con violencia hacia el lugar de destino se desvíe en algún punto de su recorrido.

Al recorrer las Escrituras, encontramos perlas que nos ayudan a ampliar aún más la perspectiva sobre el pecado y enriquecen esta definición. Observa lo que dice el siguiente pasaje:

> *Todo aquel que comete pecado, infringe también la ley; pues el pecado es infracción de la ley. (1 Juan 3:4)*

Según este versículo, el pecado es todo aquello que es contrario a lo establecido por Dios. Es decir, el pecado es la manifestación visible de la rebelión que se encuentra en lo profundo del corazón del hombre, cuando este decide infringir y quebrantar las leyes ordenadas por el Altísimo. Bajo esta revelación, podemos afirmar que el pecado no solamente es una cuestión de interés moral, sino también un asunto de carácter legal para el Reino de los Cielos. Veamos más versos que aumentan nuestro entendimiento:

> **Toda injusticia es pecado**; *pero hay pecado no de muerte. (1 Juan 5:17)*

Santiago da otra definición:

*Y al que sabe hacer lo **bueno**, y **no lo hace**, le **es pecado**. (Santiago 4:17)*

Podríamos pensar que el pecado se reduce a quebrantar una ley mediante una mala acción, pero la Palabra nos lleva aún más allá. Omitir algunos mandatos o no practicar enteramente las verdades que Dios nos enseña a través de buenas acciones también es pecado a los ojos de nuestro Señor.

Con estas verdades quiero compartir entonces una definición bíblica de pecado: Pecado es todo aquello que no proviene de la justicia de Dios, sea pensamiento, palabra, acción, omisión o deseo contrario a su carácter. Es la manifestación visible de la iniquidad y la corrupción espiritual del alma del hombre que quebranta los mandatos establecidos, dejando precedentes legales en el mundo espiritual. Es caminar en contra de la soberana voluntad y de los propósitos eternos de nuestro Dios.

Con este concepto, vamos a tener un mayor entendimiento acerca de cómo este enemigo es capaz de obstaculizar nuestro camino hacia el cumplimiento de las palabras escritas por Dios.

El Origen

Al crear al hombre, Dios tomó polvo de la tierra y comenzó a trabajar como un escultor en la pieza más destacada de toda su creación. Modeló el barro y le dio forma, hasta finalmente soplar con su boca el aliento de vida para que esa obra fuera un ser viviente.

El Creador hizo al hombre a su imagen y semejanza, le dio un cuerpo físico, un alma donde se asientan las emociones y la voluntad, y un espíritu para tener comunión con Él. El hombre llevaba en sí mismo el ADN celestial y la misma naturaleza del Padre. Sin embargo, su creación estaba incompleta. Es en ese momento donde Dios piensa en crear una ayuda idónea porque veía que no era bueno que Adán caminara solo. Es así como Dios crea a Eva, y los coloca a ambos en el Jardín para que se multipliquen, trabajen la tierra y se enseñoreen sobre toda la creación.

En ese huerto encontraban la provisión divina para cada necesidad, tanto física como espiritual, ya que también representaba el punto de encuentro entre Dios y el ser humano. Junto con todos estos beneficios, ellos reciben órdenes e instrucciones claras:

> *Y mandó Jehová Dios al hombre, diciendo: De todo árbol del huerto podrás comer; más del árbol de la ciencia del bien y del mal no comerás; porque el día que de él comieres, ciertamente morirás. (Génesis 2:16-17)*

Dios ordena no comer del fruto del árbol del conocimiento del bien y del mal, y junto con este mandamiento le otorga al ser humano la capacidad de utilizar el libre albedrío que colocó dentro de la voluntad humana. Podían elegir la obediencia voluntaria, que es una de las manifestaciones más grandes de amor, o la muerte, que representa la separación de Dios. Desde este mandato, Satanás opera para engañar a los primeros hombres, incitándolos a quebrantar las órdenes establecidas. Él conocía muy bien la prohibición que el Creador les había dado y las consecuencias que esto traería.

Muchas veces me he preguntado cómo es que Satanás llegó a encontrarse con Eva dentro del jardín del Edén, que era la preciosa creación de Dios. Algo que el Espíritu Santo me ha enseñado es que la serpiente siempre opera desde los límites y nunca desde el interior. Los límites son una muestra del cuidado y del amor de nuestro Dios, haciendo que el enemigo se mantenga lejos. Lejos de ser una carga molesta, los límites son una bendición cuando aprendemos a verlos desde la perspectiva correcta. Cuando el ser humano decide abrir voluntariamente el cerco que lo protege, crea una brecha para que la serpiente acceda al interior del jardín.

A través de la mentira y el engaño en sus palabras, el diablo intenta atraernos hacia los límites, donde somos más vulnerables a sus ofertas. De esta manera, comenzamos a crear aperturas donde él pueda infiltrarse en nuestras vidas.

No sabemos con precisión qué estaba haciendo Eva cuando la serpiente se le apareció, pero es muy probable que estuviera recorriendo los límites del Edén en soledad, donde estaba en una posición de vulnerabilidad. El primer error de esta mujer fue no estar donde se suponía que debía estar, alejándose de la mirada protectora de Dios. Satanás aprovecha este momento y trabaja con astucia. Comienza un diálogo con esta mujer empleando sus herramientas de engaño y manipulación, hablándole como si fueran amigas, como si se tratara de una plática cotidiana.

Aunque aún tenía tiempo para huir, Eva sigue interactuando y dialogando con la serpiente, en lugar de salir inmediatamente de esa posición. La serpiente entonces lanza una pregunta para la cual sabía perfectamente la respuesta: "¿Es cierto que Dios les ha dicho que no coman de ningún árbol del jardín?". Esto crea dudas y apela al deseo de poder y grandeza que había en el corazón de los seres humanos. Ella dijo: "Ustedes llegarán a ser como Dios", porque conocía los vacíos que había en el interior de Adán y Eva.

Debes saber que Satanás no puede operar desde dentro de tu mente, pero puede presentarte interrogantes que te conecten con una duda, un vacío, una necesidad o un área no resuelta. Él conoce muy bien cuáles son las iniquidades que no hemos tratado con Dios y nos tienta a cada uno de nosotros de acuerdo a esas concupiscencias.

> *Cuando alguno es tentado, no diga que es tentado de parte de Dios; porque Dios no puede ser tentado por el mal, ni él tienta a nadie; sino que cada uno es tentado, cuando de su propia concupiscencia es atraído y seducido. Entonces la concupiscencia, después que ha concebido, da a luz el pecado; y el pecado, siendo consumado, da a luz la muerte. (Santiago 1:13- 15)*

Adán y Eva utilizaron su libre albedrío, eligiendo desobedecer voluntariamente las directivas que Dios les había entregado. Cedieron a la tentación, tomaron el fruto y comieron de él. Ellos menospreciaron la relación tan especial que tenían con el Creador y le abrieron la puerta a la muerte.

Este acto marca la ruptura de la amistad de Dios con el ser humano. El pecado fue la condición de su corazón y no solo la acción de tomar el fruto. La consecuencia de no obedecer fue la distorsión del ADN del ser humano, torciéndolo e imprimiendo en él la iniquidad, que es la tendencia que todos experimentamos a hacer el mal y desobedecer a Dios.

No solo corrompieron su naturaleza, sino que también conocieron la culpa y la condenación, abandonando así su posición de cercanía con Dios y escondiéndose entre los árboles llenos de vergüenza. La voz que antes les era familiar, ahora les parecía peligrosa y los llenaba de temor, porque la santidad que habitaba en ella no era compatible con la corrupción que había entrado en sus vidas.

Como consecuencia, el ser humano aprende a autojustificarse por su error, no pudiendo reconocer por sí mismo el pecado de su corazón, sino por la convicción que viene a través del Espíritu Santo.

El Problema del Pecado

Los resultados de la elección de Adán y Eva nos siguen hasta el día de hoy. Satanás continúa utilizando las mismas tácticas y operando con la misma astucia que empleó con ellos, de manera que también lo hace con nosotros. Por la naturaleza caída que heredamos del primer Adán, todos llevamos en nuestro ADN iniquidades del pecado original. Somos tentados según esa concupiscencia y luchamos internamente contra la carne, que siempre se opone a Dios, como enseñó el apóstol Pablo. La Palabra es clara al afirmar que todos hemos pecado y que todos hemos sido destituidos de la gloria de Dios (Rom. 3:23). Por eso, ninguno puede jactarse por sus buenas obras, ya que nadie es justo por sí mismo. Todos estamos expuestos a las artimañas de la serpiente, quien intenta entorpecer el diseño original de Dios para nosotros.

Es evidente que en algún momento de nuestras vidas fallaremos debido a nuestra naturaleza, pero a través de Jesucristo podemos alcanzar justificación y volver a nuestro diseño original. Así dejamos atrás las prácticas de nuestra vida pasada para revestirnos con la nueva naturaleza del segundo Adán. Además, Dios envió a su Espíritu Santo para traer convicción de pecado y conducirnos al arrepentimiento, restableciéndonos en el camino correcto. Sin embargo, aunque tenemos la sangre de Jesús disponible para el perdón de nuestras transgresiones y podemos presentarnos ante Dios como justos, el diablo sigue intentando corromper la vida de cada hijo nacido de nuevo para que no alcance su destino glorioso.

El enemigo quiere que probemos el pecado, sabiendo que no es fácil liberarnos de este. Una vez atrapados, nos mantiene atados más tiempo del que creíamos. La Palabra nos enseña que aquel que practica el pecado es esclavo del pecado, y ese es precisamente el objetivo del maligno, que vivamos sometidos a él.

Hay personas que han sido seducidas por Satanás desde una edad temprana y han pasado casi toda su vida en una prisión espiritual. Aunque han luchado con todas sus fuerzas por liberarse, no logran romper esas pesadas cadenas por sí mismos. El control que ejerce sobre algunas vidas es tan fuerte que los destruye por completo, llevándolos incluso hasta la muerte. Solo el Todopoderoso puede liberar las almas del yugo de la esclavitud.

Romper los límites que el Padre ha trazado siempre tendrá un costo más alto del que estamos dispuestos a pagar. Muchos llevan toda su vida haciendo cosas ilícitas que ofenden el corazón de Dios. Al no ser descubiertos, se consideran afortunados y creen que pueden continuar sin enfrentar consecuencias amargas. El engaño de Satanás es tan grande que no perciben el costo de desviarse del camino recto y, así, pierden relaciones, familia, reputación y el glorioso futuro que Dios había preparado para ellos.

El pecado ofrece un placer temporal y momentáneo que dura solo un instante breve, pero sus consecuencias son dolorosas y tristes: muertes, accidentes, familias destrozadas y, en algunos casos, incluso la pérdida de la libertad.

Cuando el pecado se convierte en un hábito regular, la conciencia se cauteriza y la persona ya no puede reaccionar ante la verdad de Dios ni volver en sí misma. La conciencia es una función del espíritu que Dios nos ha dado. A través de ella juzgamos nuestro proceder según nuestros propios razonamientos.

Recuerdo haber leído una breve historia en un devocional acerca de un indio que describía la conciencia de una manera creativa. La comparaba con un aguijón afilado que, cada vez que hacía algo malo, apretaba su corazón provocándole mucho dolor. Pero a medida que ignoraba ese malestar, se volvía sordo a él o se acostumbraba, formándose así un callo en su corazón. Esto es tener una conciencia cauterizada. Aquellos que viven así son aquellos que saben que están haciendo mal, pero ya no responden a la voz del Espíritu Santo.

El peligro de llevar una vida de pecado después de haber conocido la verdad no radica solo en ofender a Dios, sino en alejarse tanto de Él que ya no se pueda regresar a los brazos de nuestro Padre. La intención del Señor al confrontarnos y revelar nuestro corazón no es condenarnos, sino llevarnos al arrepentimiento para que podamos retomar el curso correcto de nuestra vida y cumplir el destino profético que Él mismo ha escrito para nosotros.

Un Desvío en el Camino

¿Puedes entender la magnitud de lo que el pecado puede hacer y cómo puede obstaculizar los planes que Dios tiene para ti? Muchos se emocionan cuando un profeta llega a la iglesia y hacen largas filas para recibir una palabra de Dios, como si fuera algún tipo de conjuro mágico. Creen que solo por recibir esa palabra, Dios está obligado a cumplirla y asumir toda la responsabilidad, sin importar sus acciones. El problema surge cuando esas palabras no se cumplen completamente; entonces se frustran y se enojan tanto con Dios como con el profeta que les dio la palabra.

Debemos entender que las palabras proféticas sobre nuestro destino y propósito son condicionales. Requieren de nuestra diligencia y participación activa para que se cumplan en el tiempo y la forma que Dios desea. Cuando Dios nos da una palabra, espera obediencia y compromiso en cada paso que recibimos de Él, para que podamos impactar certeramente en el blanco.

La historia de Sansón nos ofrece una gran lección sobre cómo el pecado puede desviarnos de nuestro destino profético. Desde antes de su nacimiento, Dios habló a su madre y reveló el glorioso destino que tenía preparado para él.

> *Y había un hombre de Zora, de la tribu de Dan, el cual se llamaba Manoa; y su mujer era estéril, y nunca había tenido hijos. A esta mujer apareció el ángel de Jehová, y le dijo: He aquí que tú eres estéril, y nunca has tenido hijos; pero concebirás y darás a luz un hijo. Ahora, pues, no bebas vino ni sidra, ni comas cosa inmunda. Pues he aquí que concebirás y darás a luz un hijo; y navaja no pasará sobre su cabeza, porque el niño será nazareo a Dios desde su nacimiento, y él comenzará a salvar a Israel de mano de los filisteos. (Jueces 13:2-5)*

Este niño, concebido en el vientre estéril por el poder creativo de Dios, se convertiría en un hombre de mucha influencia para el pueblo de Israel, liberándolos de la opresión filistea. Desde antes de su nacimiento, un libro llevaba su nombre con todas las palabras proféticas que se cumplirían en el *kairos* perfecto de Dios. Los ciclos de su vida estaban previamente ordenados, el camino trazado y dado a conocer a sus padres. Junto con su destino, venían también ciertas ordenanzas que debían cumplirse, porque Dios había apartado a este niño para ser un nazareo.

La palabra *nazareo* significa "apartado y separado para Dios". Los nazareos hacían votos de consagración y se apartaban del mundo que los rodeaba para recibir una cultura celestial. No se cortaban el cabello, como señal de sus votos a Dios, ni bebían sidra, ni tocaban cosas impuras, ni tenían contacto con los muertos.

Puedo imaginarme a Manoa, el padre de Sansón, enseñando y repitiéndole constantemente al pequeño Sansón: "Eres un nazareo, apartado y consagrado para Dios". Estos padres educaron y formaron a su hijo bajo la conciencia del destino profético que llevaba. Así, Sansón creció hasta convertirse en un hombre que conocía su propósito y cómo debía vivir en consecuencia. Es crucial para nosotros, como padres, comprender el destino profético de nuestros hijos naturales y espirituales, ya que ellos son como flechas entregadas por Dios para guiar y enfocar hacia su blanco profético.

Años después, el Espíritu de Jehová vino sobre la vida de Sansón y él gobernó a Israel con justicia y sabiduría durante veinte años, manifestando la presencia del Señor en todo el pueblo. Inicialmente, Sansón caminaba con certeza y seguridad en su destino, pero, gradualmente, sus pasos se desviaron debido a lo que estaba sucediendo en su corazón. A partir del capítulo catorce del libro de Jueces, vemos cómo el pecado progresó en su vida. Todo comenzó con pequeñas actitudes internas que lo llevaron a dar pasos equivocados, hasta llegar a desviarse completamente.

El pecado no es un evento que ocurre de la noche a la mañana, la Palabra nos enseña que se trata más bien de un proceso que va cobrando forma en lo profundo del ser humano y es gestado hasta, finalmente, dar a luz muerte y destrucción a la vida de las personas.

> *Sino que cada uno es tentado, cuando de su propia concupiscencia es atraído y seducido. Entonces la concupiscencia, después que ha concebido, da a luz el pecado; y el pecado, siendo consumado, da a luz la muerte. (Santiago 1:14-15)*

Las áreas no resueltas del corazón de Sansón fueron oportunidades para que el pecado obstaculizara los planes eternos de Dios. Su gran debilidad eran las mujeres, y el enemigo aprovechó esta vulnerabilidad en múltiples ocasiones, haciendo que quebrantara sus votos nazareos de consagración a Dios, los cuales había mantenido durante toda su vida.

Un Carácter Inestable

Una de las primeras muestras de la desobediencia de Sansón a los mandatos de Dios sucedió en la tierra de sus enemigos, precisamente en Timnat, donde vio a una mujer filistea que fue agradable a sus ojos y se enamoró de ella. Con la decisión de tomar a esta mujer por esposa, llegó hasta sus padres y juntos partieron nuevamente a la tierra de los filisteos para arreglar su unión con ella. En el camino tuvo que luchar con un joven león que se le apareció, y lo mató con sus propias manos, a causa del don de fuerza sobrenatural que Dios le había otorgado. Al volver luego de unos días para tomar a la mujer, Sansón se apartó del camino para ver algo que llamó su atención.

> *Y volviendo después de algunos días para tomarla, se apartó del camino para ver el cuerpo muerto del león; y he aquí que en el cuerpo del león había un enjambre de abejas, y un panal de miel. Y tomándolo en sus manos, se fue comiéndolo por el camino; y cuando alcanzó a su padre y a su madre, les dio también a ellos que comiesen; mas no les descubrió que había tomado aquella miel del cuerpo del león. (Jueces 14:8-9)*

Dios había sido muy claro acerca de la orden de no tener contacto con los muertos ni comer cosas inmundas. Pienso que Sansón en su interior sabía que estaba obrando mal; esa conciencia apretaba como una espina su corazón, pero no escuchó, y decidió no revelarles a sus padres lo que había hecho, pensando que podía mantenerlo en secreto. Pero, como sabemos, el pecado siempre, tarde o temprano, es descubierto.

Luego de algunos eventos, Sansón regresa a la casa de sus padres con gran enojo. Reaccionando de forma violenta, provoca un alboroto entre los filisteos y además rechaza a la mujer que había decidido tomar, porque reveló su secreto al pueblo. Aquí podemos apreciar que este hombre tenía serios problemas de carácter.

El carácter se evidencia en la manera en que reaccionamos ante ciertas situaciones. Cuando esta área no es debidamente moldeada por el Espíritu Santo, nos volvemos personas inestables, que viven grandes sobresaltos emocionales. Podemos sentirnos en la cima y luego, por alguna situación inesperada, descender hasta el punto más bajo, o reaccionar de forma explosiva. Quienes viven de esta manera son dominados por sus impulsos y llevados de un lado a otro por sus emociones.

El hombre de doble ánimo es inconstante en todos sus caminos. (Santiago 1:8)

Acercaos a Dios, y él se acercará a vosotros. Pecadores, limpiad las manos; y vosotros los de doble ánimo, purificad vuestros corazones. (Santiago 4:8)

Podemos estar llenos de dones y talentos que Dios, en su bondadosa voluntad, nos otorga. Podemos tener revelación acerca del destino profético para nuestras vidas, pero si nuestro carácter no es trabajado y madurado, nos volvemos personas inestables en nuestro caminar hacia el blanco perfecto.

A Punto de Abortar un Destino

Además del problema de carácter, Sansón tenía cuestiones no resueltas con la carne. Los sentidos y los deseos corrompidos lo condujeron a lidiar con una tentación de la que no pudo escapar. Nuevamente, se enamora de una mujer filistea, Dalila, que en hebreo significa "aquella que debilita".

A través del engaño y la seducción, esta mujer logra manipular a Sansón hasta el punto de que él revela el secreto de su gran fortaleza. Él descubre todo su corazón, habla de sus votos nazareos y de su consagración a Dios, y termina por entregar en bandeja su destino profético al enemigo.

> *Y ella hizo que él se durmiese sobre sus rodillas, y llamó a un hombre, quien le rapó las siete guedejas de su cabeza; y ella comenzó a afligirlo, pues su fuerza se apartó de él. (Jueces 16:19)*

La navaja pasó por el cabello de este nazareo, y nuevamente, quebrantó otro mandato vital para el cumplimiento de su destino. Con todo esto, Sansón no logra volver en sí en su conciencia. Sale nuevamente a la batalla pensando que Dios estaba con él y que lograría salir victorioso como todas las otras veces, pero la mano de Jehová se había apartado de su lado. Lo que sigue después de esto son las dolorosas consecuencias del pecado. Es tomado por sus enemigos, burlado y expuesto públicamente. En medio de las torturas que recibe, le arrancan los ojos, como símbolo de que Satanás le había robado la visión. Puedo imaginar el dolor de su alma. Habiendo conocido su destino glorioso, ahora estaba viviendo las amargas consecuencias de su desobediencia. A estas alturas, este hombre seguramente pensó que todo estaba perdido.

Esto es lo que provoca el pecado en nuestras vidas: aborta todo aquello que Dios un día nos entregó, nos saca totalmente del camino y hace que nunca lleguemos a cumplir el propósito eterno. ¡Qué terrible es esto! Aún más doloroso que las consecuencias, es el sentimiento de haberle fallado a Dios y saber que probablemente no se cumpla aquello que estaba escrito.

Sansón se acuerda en medio de su dolor de todas las palabras con las que había crecido y todas las cosas que había escuchado desde pequeño: "Tú eres un nazareo, eres apartado y consagrado para Dios". La Escritura nos cuenta que, estando encadenado, se arrepiente y lanza una oración al cielo suplicando el perdón. Finalmente, Jehová escucha este clamor y vuelve a conectarlo con su propósito, y en un solo día entrega a todos los filisteos en sus manos en una gran victoria.

> *Y dijo Sansón: Muera yo con los filisteos. Entonces se inclinó con toda su fuerza, y cayó la casa sobre los principales, y sobre todo el pueblo que estaba en ella. Y los que mató al morir fueron muchos más que los que había matado durante su vida. (Jueces 16:30)*

Por muy poco, el pecado habría logrado su cometido: abortar totalmente el destino profético de Sansón y tirar por tierra todas las palabras que Dios había declarado sobre este hombre desde el vientre de su madre. Las decisiones que tomó lo llevaron a experimentar retrasos y grandes desvíos en el camino, pero a través del arrepentimiento pudo volver a conectarse con aquellas palabras y recordar lo que siempre había escuchado.

Perder las Promesas

Otro gran ejemplo que encontramos en la Escritura es la historia del pueblo de Israel. Un pueblo que estuvo esclavo en las tierras egipcias por más de cuatrocientos años, y que finalmente logra su liberación con la promesa de una tierra nueva y abundante.

Al salir de Egipto, inician una travesía por el desierto, llevando en sus vientres espirituales la promesa de la tierra que pronto iban a heredar. La fidelidad de Dios con ellos era tan grande que, en ese trayecto, vieron la provisión y el cuidado, junto con la manifestación de señales y prodigios. El maná del cielo, la columna de fuego, la nube que los guiaba y tantas maravillas que muchos de nosotros hubiéramos deseado ver. Sin embargo, un viaje, que duraba solo unos pocos días, se extendió por casi cuarenta años a causa del problema que había en el corazón de los hijos de Israel. El desierto no era el lugar de destino, sino que se trataba de una estación que Dios había permitido para probar lo que había en el interior de su pueblo.

Durante su estadía en el desierto, Israel se rebeló y desobedeció una y otra vez. Se rebelaron contra Dios, murmuraron contra sus líderes y, por la incredulidad en sus mentes, adulteraron en su corazón, practicando la idolatría, adoptando culturas paganas y cultos a dioses falsos. Por los pecados de rebeldía, incredulidad e idolatría, muchos nunca llegaron a su destino.

> *Que, aunque vieron mi gloria y las maravillas que hice en Egipto y en el desierto, ninguno de los que me desobedecieron y me pusieron a prueba repetidas veces verá jamás la tierra que, bajo juramento, prometí dar a sus padres. ¡Ninguno de los que me despreciaron la verá jamás! (Números 14:22-23)*

Este pasaje indica que el pueblo de Israel desobedeció y provocó al Señor repetidamente, a pesar de que Dios quería que todos alcanzaran la promesa y los exhortaba a volver a los caminos correctos. Sin embargo, ellos eligieron seguir en su pecado. Dios llama a Israel un pueblo duro de cerviz, que quiere decir terco, obstinado, rebelde, difícil. Imagina cuanto dolor hubo en el corazón de Dios por la infidelidad de Israel, que prefirió dejar a generaciones enteras en el desierto que seguir viéndolos pecar y adulterar.

> *Mas estas cosas sucedieron como ejemplos para nosotros, para que no codiciemos cosas malas, como ellos codiciaron. (1 corintios 10:6)*

Muchas veces nos asombramos y no podemos entender el proceder de este pueblo, pero en ocasiones nos parecemos más a ellos de lo que pensamos. Dios nos llama de vuelta al camino correcto, nos llama al arrepentimiento y a la restauración, pero la terquedad y el orgullo no nos permiten regresar.

El pecado te roba las promesas para tu vida y tus generaciones. No es que Dios no quiera bendecirnos, es que somos nosotros mismos quienes, con nuestras decisiones, despreciamos la leche y la miel de la tierra prometida, por estar deseando los ajos y las cebollas de la tierra de la esclavitud. Si no despertamos a tiempo y cambiamos de dirección, corremos peligro de no llegar a la tierra del destino.

Lidiando con la Culpa

Si estás leyendo esto, es porque aún estás a tiempo de hacer un alto en el camino y redirigir tus pasos hacia la vía correcta. Cristo Jesús está delante de ti con sus ojos, llamas de fuego, que recorren todo tu ser. Son ojos que desnudan tu alma, ojos que todo lo ven, pero que están llenos de gracia y amor.

La convicción de pecado que el Espíritu Santo derrama en nuestras vidas es para llevarnos al arrepentimiento es diferente a la condenación. El arrepentimiento trae consigo la esperanza de un cambio, mientras que la condenación está ligada al sentimiento que Adán y Eva experimentaron al fallarle a Dios: la culpa.

> *Y oyeron la voz de Jehová Dios que se paseaba en el huerto, al aire del día; y el hombre y su mujer se escondieron de la presencia de Jehová Dios entre los árboles del huerto. (Génesis 3:8)*

¿Te has preguntado por qué se escondieron si conocían la voz de Dios? Una vez que pecaron, comenzaron a sentirse desnudos. No porque les faltara ropa física como la nuestra, sino porque la gloria de Dios que los cubría ya no estaba con ellos. Ahora se sentían culpables y avergonzados.

La culpa es el sentimiento que experimentamos por haber hecho algo malo que no deberíamos haber hecho, o por haber dejado de hacer algo que sabíamos que estaba bien. Es como una voz interna que proviene de nuestra conciencia y nos condena intensamente día y noche.

> *Mostrando la obra de la ley escrita en sus corazones, dando testimonio su conciencia, y acusándoles o defendiéndoles sus razonamientos. (Romanos 2:15)*

Pablo nos enseña que la conciencia es esa fuerza interior que nos acusa o nos defiende según nuestros razonamientos. Aunque no fuimos creados bajo la ley, tenemos la Palabra de Dios escrita en nuestros corazones, lo que nos da la capacidad de discernir entre el bien y el mal, lo correcto y lo incorrecto. Te invito a que te detengas por un momento y te hagas esta pregunta conmigo: ¿Mi conciencia me acusa o me defiende?

No hay nada más terrible que vivir con culpa. Por mi experiencia personal, puedo hablar con autoridad sobre este asunto, ya que es una de las áreas en las que Dios ha trabajado conmigo. Puedo reconocer si alguien está luchando con este problema debido a los síntomas que experimenta.

Tan pronto como lo comieron, se dieron cuenta de que estaban desnudos y sintieron vergüenza. Entonces cosieron hojas de higuera para cubrir su desnudez. (Génesis 3:7 NBV)

Uno de los signos de la culpa es la vergüenza. Una persona que se siente culpable también se avergüenza de sí misma. A muchos no les gusta testificar de dónde los sacó Dios, y dicen: "Mi pasado está entre Dios y yo". Desde ese momento, comprendo que esa persona está luchando con esto. Hay quienes evitan hablar de su pasado y mucho menos mencionar los pecados que cometieron anteriormente. No es que debamos magnificar las obras del enemigo, pero podemos testificar sobre lo que Dios ha hecho en nuestras vidas, para su gloria y alabanza, para dar esperanza a otros que están pasando por lo mismo. Cuando se vive con culpa, la vergüenza por el pecado cometido te impide testificar.

La vergüenza alcanza tal magnitud que algunos ni siquiera pueden confesar su pecado a Dios porque no pueden aceptar que se equivocaron. En ocasiones, aquellos que se sienten culpables intentan callar la voz de su conciencia llevando a cabo acciones que se asemejan a las hojas de higuera cosidas por Adán y Eva como un intento de cubrir su pecado. Este es otro síntoma de la culpa. Hay personas que dan para la obra del Señor o se involucran en obras de caridad, pero por razones equivocadas, pensando que eso puede compensar el hecho de haber fallado al Señor. Se esfuerzan más allá de sus límites y dan más allá de sus recursos para tratar de mitigar lo que sienten, pero no es la forma en que Dios ha determinado que se cubra el pecado. Solo la sangre de Cristo puede hacer lo que las obras no pueden.

Otro sentimiento ligado a la culpa es el temor al castigo, que es la esencia de la condenación.

> *Mas Jehová Dios llamó al hombre, y le dijo: ¿Dónde estás tú? Y él respondió: Oí tu voz en el huerto, y tuve miedo, porque estaba desnudo; y me escondí. (Génesis 3:10)*

Dios está rebosante de gracia y amor por nosotros, pero al igual que Adán, nos escondemos porque tememos recibir un duro castigo por el pecado cometido. Aquellos que viven inmersos en la culpa no pueden disfrutar completamente de la presencia de Dios porque el peso que llevan los hace huir.

La autojustificación es otro patrón que podemos reconocer fácilmente.

> *Y Dios le dijo: ¿Quién te enseñó que estabas desnudo? ¿Has comido del árbol del que yo te mandé no comieses? Y el hombre respondió: La mujer que me diste por compañera me dio del árbol, y yo comí. Entonces Jehová Dios dijo a la mujer: ¿Qué es lo que has hecho? Y dijo la mujer: La serpiente me engañó, y comí. (Génesis 3:11-13)*

Cuando estamos llenos de culpa, repetimos lo que sucedió en el Edén: culpamos a otros por nuestro pecado en lugar de asumir nuestra responsabilidad. Un buen indicador de si estás lidiando con la culpa es evaluar qué postura tomas cuando sabes que te equivocaste. Algunos culpan a la iglesia, a los pastores, a los líderes; otros culpan a sus padres, a sus cónyuges, y la lista podría continuar. Para quienes tienen problemas con la culpa, siempre será más fácil buscar a otro responsable.

Lamentablemente, la culpa es uno de los problemas más comunes en la iglesia, en gran parte debido a la formación que muchos de nosotros hemos recibido. Ese es mi caso. Nací de nuevo en una época donde se mezclaba el mover del Espíritu con el legalismo y la religiosidad. Donde abunda el legalismo, abunda también la culpa. Había avivamiento, se manifestaban los dones del Espíritu, había profecías, se manifestaban milagros, sanidades y prodigios. Sin embargo, interiormente vivíamos con la frustración de nunca ser suficientes porque se nos enseñaba que debíamos ser perfectos para ser aprobados ante Dios, pero no por la gracia, sino por las obras que podíamos hacer.

He visto personas tremendamente usadas por el poder del Espíritu, con dones, talentos y grandes ministerios, pero que han sido sensibles a este sentimiento tan terrible que, por cualquier situación insignificante, vuelven a sentir esa incapacidad para ser fieles a Dios. Todavía tenemos secuelas del legalismo en nuestras vidas, de las cuales debemos deshacernos, porque siempre estamos tratando de hacer más de lo que podemos para alcanzar lo que todo ser humano necesita: sentirse amado, aceptado, aprobado y justificado delante de Dios.

La Acusación

Cuando pecamos, además de lidiar con la culpa, nos enfrentamos a una de las estrategias más efectivas de Satanás: la acusación. Podemos decir que ser acusador es uno de los principales oficios a los que se dedica nuestro enemigo. Esa es la forma en la que lo describen las Escrituras.

> *Entonces oí una gran voz en el cielo, que decía: Ahora ha venido la salvación, el poder, y el reino de nuestro Dios, y la autoridad de su Cristo; porque ha sido lanzado fuera el acusador de nuestros hermanos, el que los acusaba delante de nuestro Dios día y noche. (Apocalipsis 12:10)*

La *acusación* ocurre cuando alguien sostiene que una persona ha cometido una irregularidad y presenta una denuncia. Esto es precisamente lo que hace el diablo: recorre la tierra en busca de evidencias para presentarlas en los tribunales celestiales y comenzar un juicio en nuestra contra. Siempre parte de una verdad para transformarla en algo engañoso y retorcido.

El pecado, más allá de ser una cuestión moral, es un asunto legal en el ámbito espiritual. Cuando pecamos, Satanás se presenta ante Dios, el juez de todos, con un informe en nuestra contra y abre una causa. Al hacer esto, intenta anular lo que está escrito en el libro del destino sobre nosotros.

En el libro de Zacarías, encontramos al sumo sacerdote Josué de pie delante del tribunal celestial, siendo acusado por el enemigo. Este hombre mantenía una comunión cercana con Dios debido a su función, pero sus vestiduras estaban sucias por el pecado del pueblo. La Palabra dice que eran vestiduras viles. Hay personas que tal vez están en medio de un tiempo de adoración poderoso, conectadas con lo que está sucediendo, pero de repente comienzan a escuchar los susurros maliciosos del enemigo: "¿Acaso no recuerdas lo que hiciste? No tienes la dignidad para presentarte ante Dios, tus manos están sucias". En ese momento, la persona baja las manos, agacha la cabeza y comienza a llorar de tristeza. El diablo es experto en hacerte sentir culpable y en recordarte todos tus pecados. Quiere que sientas que no tienes la dignidad de acercarte al Señor ni de recibir sus bendiciones. La buena noticia es que tenemos al mejor abogado de nuestro lado, defendiéndonos ante el juez.

Un Camino Hacia la Libertad

Alguien una vez me dijo: "Pastora, le fallé a Dios. ¿Qué puedo hacer con esto tan terrible que hice?". Mi respuesta fue la siguiente: primero acepta que eres culpable, perdónate a ti mismo y acepta el perdón de Dios. Tal como dice la Escritura:

El que encubre sus pecados no prosperará;
Mas el que los confiesa y se aparta alcanzará misericordia.
(Proverbios 28:13)

El primer paso para ser libres de la culpa y silenciar al acusador es reconocer nuestro pecado delante de Dios y confesarlo. Hay un poder extraordinario en la confesión, si pudiéramos comprenderlo, nunca más permaneceríamos en silencio.

Muchas personas sienten vergüenza de acercarse a Dios y pedirle perdón porque creen que lo que hicieron es muy terrible. Pero yo me pregunto: ¿Será que Dios no lo sabe? Él es omnisciente, todo lo sabe y todo lo conoce, no hay nada oculto para Él entre el cielo y la tierra. Confiesa tu pecado y llámalo por su nombre. ¿Crees que vas a sorprender a Dios? ¡Él ya lo sabe! Solo está esperando que abras tu boca y lo confieses.

Algo maravilloso sucede cuando confesamos y reconocemos nuestras transgresiones delante de Dios: somos colocados en el lugar donde la gracia redentora, que es a través de Jesús, puede alcanzarnos.

Mientras callé se envejecieron mis huesos en mi gemir todo el día.
Porque de día y de noche se agravó sobre mí tu mano;
mi vigor se convirtió en sequedades de verano. Selah
Mi pecado te declaré, y no encubrí mi iniquidad.
Dije: Confesaré mis transgresiones a Jehová;
Y tú perdonaste la maldad de mi pecado. (Salmos 32:3-5)

Este salmo fue escrito por David luego de experimentar el perdón de Dios tras haber fallado. A veces solo recordamos las buenas cualidades y los logros de los héroes de la fe, pero la Palabra no omite sus fracasos para que nosotros encontremos esperanza en ellos.

David, un hombre conforme al corazón de Dios, adorador y rey guerrero, cedió a la tentación y pecó cometiendo adulterio y asesinato. Pero cuando su conciencia despertó y sus ojos fueron abiertos, pudo ver hasta dónde lo había llevado su maldad. En la Biblia encontramos muchos salmos que expresan el dolor de David por haber ofendido el corazón de Dios. En estos, compara el guardar silencio por su pecado con huesos que envejecen, pero al confesar su maldad, recibe vida y sanidad. Una vez que abre su boca y descubre su iniquidad, Dios le perdona. Así sucede con nosotros: no confesar nuestro pecado al Señor es como una enfermedad que nos carcome por dentro, nos hace perder el gozo, nos roba la paz y la vida abundante.

Tal vez llevas mucho tiempo en silencio, con una carga dentro de ti demasiado pesada por cosas que aún no has podido confesar. Pero quiero decirte que el Dios de misericordia está con sus oídos abiertos y sus brazos extendidos para tomarte nuevamente, sacarte de donde estás y colocarte otra vez en el camino de tu destino profético. No caigas en la trampa de la autojustificación. Dios no desea que le des cientos de razones y motivos por los cuales pecaste. Él ama la transparencia y la sinceridad.

¡Declaro que, por el poder del Espíritu Santo, la conciencia que estaba cauterizada comienza a despertar, trayendo convicción de pecado, de juicio y de justicia, para que seas enteramente capaz de examinar tu caminar a la luz de la verdad! Cristo Jesús está frente a ti, y su santidad está exponiendo tu interior, no para avergonzarte o condenarte, sino para que puedas reconocer valientemente tus flaquezas y recibas el perdón que solo Él puede darte.

Pídele al Espíritu Santo que te revele aquellos pecados que tu mente no recuerda. Hay pecados que es fácil recordar, porque están alojados en la parte consciente de nuestra mente, pero también hay cosas en el inconsciente que no podemos recordar. Sin embargo, otros pueden ayudarnos a hacerlo. Existen situaciones traumáticas alojadas en el subconsciente que han provocado tanto dolor que la mente levantó un escudo, un mecanismo de defensa llamado olvido. Abusos, violencia, pérdidas repentinas, son algunos de los traumas que tal vez hemos experimentado. El Espíritu de Dios te toma de la mano y te ayuda a recordar aquellas cosas que te hicieron o que hiciste y decidiste encubrirlas con olvido. He tenido tiempos maravillosos en medio de liberaciones cuando le pido al Espíritu Santo que nos traiga a la memoria aquello que no recordamos. A mí misma me ha traído experiencias que nunca imaginé que estaban guardadas en mi interior. Él no lo hace para avergonzarnos o humillarnos, sino para traernos convicción.

El problema es que muchas veces nuestro orgullo no nos deja reconocer y aceptar que hemos fallado. Por eso es necesario que entremos en un proceso de perdonarnos a nosotros mismos, para que podamos aceptar lo que Dios ya hizo a través de la muerte de Jesucristo.

Abraza la gracia que está disponible hoy para el perdón de pecados. No es en lo mucho que tú puedas hacer, es lo que Jesús ya hizo.

Porque por gracia sois salvos por medio de la fe; y esto no de vosotros, pues es don de Dios; no por obras, para que nadie se gloríe. (Efesios 2:8-9)

La gracia es la fuerza interna de Dios dentro de ti que te señala el pecado y te dice lo que no es correcto, pero no te deja en una prisión de culpa o temor al castigo. Al contrario, la gracia te abre el camino de la liberación. No es una libertad desmedida y desenfrenada para hacer lo que a cada creyente le parezca mejor, ni tampoco una vida pasiva y sin fruto. Todo lo contrario, te hace consciente de la enfermedad del pecado y, al mismo tiempo, provee la medicina y el remedio. La gracia es esa fuerza dentro de ti que te dice que Jesús ya lo hizo. ¡Consumado es! Acepta que ya está hecho. Ya no tienes que esforzarte para alcanzar la salvación y el perdón.

Hijitos míos, estas cosas os escribo para que no pequéis; y si alguno hubiere pecado, abogado tenemos para con el Padre, a Jesucristo el justo. (1 Juan 2:1)

Es la hora de asistir a la corte celestial ante el juez justo, nuestro Padre. Si alguien está condenado, debe llevar un abogado, y lógicamente ganará el abogado que mejor defienda la causa. Al arrepentirnos delante del tribunal del cielo, le damos el poder a nuestro abogado para que nos defienda e interceda por nosotros.

Imagina que estás delante del juez, con millares de ángeles y testigos presenciando el juicio. A un lado, Satanás extiende sus acusaciones a viva voz, todo parece indicar que el caso está perdido. Pero levantas la mirada y ves a tu derecha a Jesús intercediendo a tu favor: "Padre, he aquí tu hijo por quien pagué el precio para que se acercara confiadamente a ti. Mi sangre derramada en la cruz está hablando; mi cuerpo fue mutilado por estos pecados que se le acusan. Padre, consumado es". En ese momento escuchas el martillo del juez que dice: "Es inocente. Que rompan el acta de decretos que ya fue perdonada". ¡Qué profundo es esto! Satanás ya no puede acusarnos porque hemos sido justificados por Jesucristo, esa sangre habla desde el madero a favor nuestro.

> *Porque si la sangre de los toros y de los machos cabríos, y las cenizas de la becerra rociadas a los inmundos, santifican para la purificación de la carne, ¿cuánto más la sangre de Cristo, el cual mediante el Espíritu eterno se ofreció a sí mismo sin mancha a Dios, limpiará vuestras conciencias de obras muertas para que sirváis al Dios vivo? (Hebreos 9:13-14)*

Este ha sido el pasaje de toda mi vida. Yo he trillado este versículo, y cada vez que veo al acusador pararse delante de mí, lo declaro en alta voz. ¿Tienes problemas en tu conciencia con pecados que ya confesaste? Pídele al Señor Jesús que su sangre limpie tu conciencia, ahí donde están escritas las obras muertas, ahí donde está escrito el ayer, el pasado, donde están las rebeliones.

Tenemos una capacidad enorme para recordar los pecados que Dios ya nos perdonó. A veces le pedimos perdón todos los días por el mismo pecado, y Dios ya ni se acuerda de ese asunto. Esto sucede porque nos han enseñado que debíamos sentir dolor para sentirnos perdonados, cuando lo único que necesitamos es ir delante de Dios y ser sinceros.

Yo he peleado tanto con este obstáculo de la culpa y sé lo que se sufre. Una vez un hombre me dio una palabra y me dijo lo siguiente: "Te pareces mucho a como yo era, quieres ser lo mejor para Dios y no fallarle en nada, pero ¿sabes cuál es tu problema? Es la condenación y la culpa que llevas dentro de ti". Eso me quebró.

Este hombre siguió contándome una experiencia muy fuerte que tuvo, donde Dios le habló sobre el efecto de la condenación en su vida. Dios lo llevó a un lugar alto en el espíritu, donde había una colina, y allí encontró un arroyo de aguas muy cristalinas. El Espíritu Santo le mostró que el Señor mismo estaba delante de esas aguas quietas y tranquilas. Pero luego se veía a sí mismo metiendo su mano en lo profundo de las aguas y agitándolas en gran manera. Cuando volvía a mirar la superficie, encontraba todo tipo de basura flotando. El Señor le dijo estas palabras: "Siempre estás buscando en lo profundo de tu corazón lo que yo no estoy buscando. Deja que sea yo quien traiga a la superficie lo que yo quiero sanar. Vive la felicidad de ser un hijo de Dios".

Yo estaba de la misma manera, removiendo las aguas y buscando la basura en lo profundo, y cada vez que lo hacía me encontraba abriéndole la puerta de mi corazón al sentimiento de culpa. Este hombre acabó la conversación diciéndome las siguientes palabras: "Disfruta la vida en Cristo. Cuando el Señor quiera ir más profundo contigo, Él va a sacar lo que está en el fondo de tu corazón, pero no lo harás tú misma, sino Él". Eso me liberó.

Rechaza todo sentimiento de culpa cada vez que surjan recuerdos sobre los pecados que ya confesaste. A veces vienen los fantasmas del pasado que nos quieren asustar, pero recuerda que ya Dios te perdonó.

Debes tomar una decisión y dejar el pecado para siempre. El arrepentimiento implica un cambio de dirección, salir del lodo cenagoso en donde te encontrabas, y volver al camino de tu destino profético. No vuelvas a cometer los mismos errores del pasado. Si los miembros de nuestro cuerpo fueron instrumentos de iniquidad, que ahora sean presentados como instrumentos de justicia delante de Dios.

> *Porque el pecado no se enseñoreará de vosotros; pues no estáis bajo la ley, sino bajo la gracia. (Romanos 6:14)*

Este pasaje fue mi llave. Un día estaba tan cansada, había ayunado seis meses y hecho todo lo que podía para ser libre de la culpa, pero seguía sintiéndome mal conmigo misma. Recosté mi cabeza sobre mi escritorio en mi trabajo y de repente tuve un éxtasis de segundos en el espíritu. Me paré frente al Acusador y declaré las palabras de Romanos. Caminé meses declarando esta palabra: "el pecado no será más mi señor, no será el dueño de mi vida". Yo camino bajo la gracia, y la gracia es la fuerza de Dios que me ayuda a vivir en santidad, que me señala lo que es bueno y lo que es malo y me ayuda a rechazar lo que no proviene de Dios.

¡Alguien hoy saldrá de la cárcel de la culpa! ¡Yo declaro tu liberación en el nombre de Jesús, y que toda cárcel que llevaste por años, junto con toda cadena de castigo a ti mismo por el pecado que no pudiste perdonarte, se rompe por el poder de la sangre del Cordero y eres libre de la culpa! Ahora pídele a Dios que restaure el gozo y la paz en tu vida. No hay nada más hermoso que sentir que Dios te perdonó.

Es tiempo de que avances y sigas caminando. Ya no permanezcas lamentándote por los retrasos y los desvíos que tomaste en el pasado. Recuerda que Dios es el Dios de las nuevas oportunidades y los nuevos comienzos. Él es capaz de volver a conectarte con el camino que te lleva al destino profético nuevamente.

Si te desviaste, vuelve a tomar la vía correcta. Seca tus lágrimas, sacúdete el polvo de donde caíste y avanza hacia adelante con una esperanza renovada. Dios hará movimientos sobrenaturales y podrás palpar su poder creativo abriendo caminos y creando ventanas de oportunidad. Vuelve hoy a conectarte con esas palabras que tal vez habías olvidado, vuelve a abrazar con fuerza ese destino y embárcate nuevamente en ese propósito eterno.

7

Cuarto Enemigo: La Impaciencia

En los últimos años, he aprendido que el verdadero desafío no reside en discernir lo bueno o lo malo para mi vida, sino en entender las temporadas, estaciones y ventanas espirituales de oportunidad. A medida que avanzas y la revelación de tu destino profético se vuelve más clara, descubrirás que será más fácil tomar decisiones que te impulsen hacia el cumplimiento de las palabras proféticas que el cielo ha hablado sobre tu vida. Conocerás cuáles son los senderos que te acercan y cuáles te alejan de ese diseño perfecto. Sin embargo, cuando llegamos a este punto, enfrentamos el gran reto de comprender uno de los aspectos más maravillosos de Dios: operar y ejecutar las coordenadas del Espíritu Santo en su tiempo perfecto. En los primeros capítulos de este libro mencioné algunos aspectos del tiempo de Dios, pero quiero que profundicemos aún más sobre esta revelación tan asombrosa. Comencemos con un pasaje escrito por el rey Salomón:

> *Me volví y vi debajo del sol, que ni es de los ligeros la carrera, ni la guerra de los fuertes, ni aun de los sabios el pan, ni de los prudentes las riquezas, ni de los elocuentes el favor; sino que* **tiempo** *y* **ocasión** *acontecen a todos. (Eclesiastés 9:11)*

Esta porción de la Escritura nos revela que absolutamente todos estamos sumergidos en un espacio que conocemos como tiempo. Podemos definir la palabra *tiempo* como "un período determinado o indeterminado en que se realiza una acción o un acontecimiento". Tanto en hebreo como en griego, encontramos definiciones que nos arrojan más luz sobre este concepto tan trascendental.

En hebreo, existen dos palabras que pueden definir tiempo. Una de ellas es *Et*, que se traduce como "oportunidad, estación, temporada, ocasiones o experiencias". La otra es *Yom*, que hace referencia a tiempos medibles como día, hora, año, hoy, ayer o mañana.

En griego, encontramos las palabras *cronos* y *kairos*. Al hablar de *cronos*, nos referimos al tiempo cuantificable por el cual nos regimos como seres humanos y que expresa la duración de un período. Este concepto marca la cantidad, es decir, cuánto dura un período o cuánto falta para que finalice una porción de tiempo. En contraste, el concepto *kairos* hace referencia a un período fijo que se define como tiempo oportuno, el cual no se puede cuantificar porque no está ligado a la cantidad, sino a la calidad y oportunidad. Este último se refiere al tiempo de Dios y al sistema por el cual se rige su reloj celestial.

Desde nuestra perspectiva terrenal, cuantificamos el tiempo por años, meses, semanas y días. En el cielo, el tiempo es definido por temporadas oportunas, ventanas estratégicas y puertas abiertas a la manifestación de la realidad de Dios. ¡Oh, profundidad de la sabiduría y la ciencia del Señor! ¿Quién puede conocer su mente y el misterio de sus pensamientos? (Rom. 11:33). Por años, me he quebrado la cabeza intentando comprender con mi entendimiento finito verdades que solo pueden ser asimiladas por la revelación del Espíritu Santo. Puedes pasar años tratando de entender los misterios del reino de los cielos, tomar cientos de seminarios, asistir a todas las conferencias y escuchar a las más grandes eminencias en teología, pero las llaves que nos dan acceso a la sabiduría de Dios vienen por la revelación. Es precisamente esto lo que te llevará a tener un mayor entendimiento de su voluntad perfecta y a conocer las temporadas y estaciones en las que hoy te encuentras.

Quiero profetizar sobre tu vida las mismas palabras que el apóstol Pablo habló sobre los efesios: *"que el Dios de nuestro Señor Jesucristo, el Padre de gloria, os dé espíritu de sabiduría y de revelación en el conocimiento de él, alumbrando los ojos de vuestro entendimiento, para que sepáis cuál es la esperanza a que él os ha llamado, y cuáles las riquezas de la gloria de su herencia en los santos" (Efesios 1:17-18).*

¡Oro que los velos del conocimiento humano caigan por la impartición que estás recibiendo! ¡Que los ojos de tu interior se abren para recibir una nueva dimensión de la gloria de Dios, que te trae luz sobre lo que antes estaba oculto para ti!

El pasaje del libro de Eclesiastés, que leímos anteriormente, se refiere al tiempo *kairos* y nos asegura que a todos nosotros se nos ha abierto en algún momento una ventana estratégica o un tiempo de oportunidades. El problema es que caminamos sujetos al *cronos*. Por años hemos manejado nuestras agendas, objetivos y metas regidos por este sistema, pero cuando llegamos al Señor debemos atravesar la transición que nos llevará a someter nuestro tiempo humano al divino. No es que el tiempo cronológico vaya a desaparecer, porque está ligado a nuestro diario vivir, pero podemos, a través del conocimiento de Dios, hacer que el tiempo terrenal se alinee al tiempo celestial.

Cuando Jesús caminaba por las calles, muchos fariseos se le acercaban para preguntarle acerca del tiempo. Algunos buscaban saber cuándo sería restaurado el reino de Israel, otros demandaban señales para creer, pero nuestro Señor siempre tenía respuestas certeras para entregarles.

> *Vinieron los fariseos y los saduceos para tentarle, y le pidieron que les mostrase señal del cielo. Mas él respondiendo, les dijo: Cuando anochece, decís: Buen tiempo; porque el cielo tiene arreboles. Y por la mañana: Hoy habrá tempestad; porque tiene arreboles el cielo nublado. ¡Hipócritas! Sabéis distinguir el aspecto del cielo, ¡más las **señales de los tiempos** no podéis! (Mateo 16:1-3)*

Lo que el Señor trataba de decirles a estos religiosos era que necesitaban romper con la estructura mental con la cual habían sido formados, para recibir un conocimiento que no se enseña en ninguna sinagoga ni se adquiere leyendo escritos, sino que fluye del Espíritu de verdad.

Desde el principio, el pueblo de Israel fue entrenado para conocer los tiempos a través de las señales de los cielos. Cuando nuestro salvador estaba a punto de nacer del vientre de su madre María, los sabios vieron la señal en el firmamento y supieron que el tiempo del advenimiento del Rey había llegado. De esa manera, fueron guiados hacia Belén por la interpretación que tuvieron del cuerpo celeste. Existen muchos escritos que afirman que estos tres hombres eran descendientes de Daniel, el hombre que vivió en Babilonia con un corazón intachable y además portaba una fuerte unción para discernir los tiempos.

He podido comprobar en mi vida que aprender a conocer los tiempos es tan vital como respirar. Puedo entender muchos misterios, tener grandes revelaciones acerca de mi destino profético y cargar con innumerables palabras proféticas y promesas, pero si no puedo reconocer el tiempo en el cual estoy viviendo, tampoco puedo saber cómo operar y me torno inefectiva para el hoy de Dios. Volverme una conocedora de los tiempos ha sido uno de mis más grandes retos en este caminar.

Entendidos en los Tiempos

Saber hacia dónde te diriges es importante, pero no es suficiente. Debes conocer hacia dónde apunta el arco de Dios y el momento oportuno para disparar la flecha con fuerza. Debemos ponernos en sintonía con la brújula del Espíritu Santo que nos indica el camino, pero también debemos acordar con el reloj del cielo para movernos en el tiempo correcto.

He comprendido que, a medida que adquiero más habilidad para discernir los tiempos, obtengo mayor sabiduría. Me vuelvo más sabia a la hora de tomar decisiones, más efectiva en la batalla y recibo estrategias precisas. Además, se manifiesta en mí una gracia para reconocer las estaciones y temporadas en la vida de las personas. Muchos llegan a pedirme consejos, no porque sea una mujer de la que todos dependan, sino porque pueden reconocer que hay una unción conquistada respecto al reloj de Dios. Durante años, he rogado al Espíritu Santo recibir esta gracia, y no ha sido fácil. Debo reconocer que mi naturaleza es inquieta, siempre estoy buscando qué hacer. Puedo definirme a mí misma como una fuente que está bullendo continuamente, y esa es la forma en la que Dios me hizo, acorde al diseño que Él me dio. Sin embargo, tuve que aprender a detenerme para reconocer las diferentes temporadas.

Hoy me encuentro en una etapa de madurez como nunca antes. Puedo decir las mismas palabras que pronunció Caleb cuando recibió la tierra de Hebrón: me siento con la misma pasión y fortaleza que en los primeros años de conquista, pero también sé cuándo entrar y cuándo salir. Sé reconocer cuándo es momento de avanzar firmemente y cuándo es tiempo de reposar.

No tenemos que estar todo el tiempo batallando, ni todo es júbilo y regocijo. El tiempo de las lágrimas tiene un límite y, después del descanso, es necesario ponerse en marcha. La Palabra misma nos habla de diferentes momentos que Dios permite que transitemos. Debemos pedirle al Espíritu Santo la habilidad para reconocer cada uno de ellos y saber operar como Él desea que lo hagamos. Puedes verlo en la naturaleza que Él creó con sus manos. De la misma manera que existen estaciones en lo natural y cada cierto tiempo el paisaje va mudando, cambiando de colores y fragancias, así sucede con nuestra vida mientras caminamos hacia el destino profético.

El libro de Eclesiastés ha cautivado mi corazón porque en él puedo ver la sabiduría de Dios y lo maravilloso de su pensamiento al crear los tiempos para el ser humano.

> *Todo tiene su tiempo, y todo lo que se quiere debajo del cielo tiene su hora. Tiempo de nacer, y tiempo de morir; tiempo de plantar, y tiempo de arrancar lo plantado; tiempo de matar, y tiempo de curar; tiempo de destruir, y tiempo de edificar; tiempo de llorar, y tiempo de reír; tiempo de endechar, y tiempo de bailar; tiempo de esparcir piedras, y tiempo de juntar piedras; tiempo de abrazar, y tiempo de abstenerse de abrazar; tiempo de buscar, y*

tiempo de perder; tiempo de guardar, y tiempo de desechar; tiempo de romper, y tiempo de coser; tiempo de callar, y tiempo de hablar; tiempo de amar, y tiempo de aborrecer; tiempo de guerra, y tiempo de paz. (Eclesiastés 3:1-8)

El peligro de no tener discernimiento acerca de los tiempos es quedarnos atrapados en la temporada anterior o actuar según las emociones del alma y no por la revelación del Espíritu Santo. Como resultado, tenemos soldados malheridos y rezagados por no saber cuándo entrar y salir de la batalla, ministros con un agotamiento extremo por la obra de Dios, personas pasando por tiempos de escasez y miseria tras haberse endeudado, gente que sale herida de las iglesias porque aún no tenían la madurez suficiente para operar en su asignación, y la lista podría hacerse más extensa.

Debes saber que quien posee la revelación del *kairos* tiene una llave de autoridad impresionante que no solo le da sabiduría, sino también gran influencia entre las personas. En el pueblo de Israel encontramos a la tribu de Isacar, hombres que formaron parte de los valientes de David. La Escritura los describe de la siguiente manera:

De los hijos de Isacar, doscientos principales, entendidos en los tiempos, y que sabían lo que Israel debía hacer, cuyo dicho seguían todos sus hermanos. (1 Crónicas 12:33)

Estos hombres no solo tenían la unción para entender los tiempos y saber cómo moverse, sino que tomaron tal relevancia entre el pueblo que la Palabra dice que la gente caminaba de acuerdo a los dichos que salían de su boca, es decir, se movían por su consejo. ¡Qué profundo es esto!

Cuando comienzas a discernir los tiempos, ya no tendrás la necesidad de salir corriendo tras las personas para preguntarles qué hacer o qué decisiones tomar, porque conocerás en lo profundo de tu corazón tu estación presente. En algunas oportunidades, llega gente para hacerme toda clase de preguntas:

"Pastora, ¿será que debo meterme en este emprendimiento?", "siento que Dios me está llamando al ministerio, ¿cree que debo dejar mi empleo para dedicarme al servicio?", "¿será que debo trasladarme a otra ciudad para mejorar mi situación?". Yo siempre les respondo de la misma manera: ¿Y qué sientes en lo profundo de ti? ¿Qué te dice la voz interior de tu conciencia? ¿Qué intuyes en tu espíritu? ¿Le has preguntado a Dios? Muchos no saben reconocer esto, porque hay tanta premura en saber la respuesta, que resulta más sencillo preguntarles a otros. Sienten tanto aceleramiento y agitación en su interior que no logran detenerse para escuchar la voz de Dios.

Batallando Contra la Impaciencia

Debes saber que, para recibir la revelación del *kairos*, es necesaria la quietud y el reposo. Debemos calmar la turbulencia de nuestra alma, acallar las voces de nuestras emociones vertiginosas que demandan acción y acercarnos con un corazón abierto y humilde, hambrientos por saber lo que el cielo está diciendo. Dios no tiene prisa, la urgencia por obtener la revelación de inmediato proviene de nosotros. En ocasiones, nos parecemos a niños pequeños que quieren obtener a toda costa lo que desean en ese preciso momento y, cuando esto no sucede, llegan los disgustos e incluso las rabietas.

Vivimos en una era donde todo es rápido. Encontramos restaurantes que te entregan tu comida en menos de cinco minutos y podemos comunicarnos con alguien al otro lado del mundo en segundos. Hemos perdido la capacidad de esperar. Estamos inmersos en un momento de la historia donde la moneda más valiosa no es el dinero, sino el tiempo. Continuamente buscamos optimizar el tiempo, transformando minutos, horas y días en productos o resultados que podamos disfrutar a corto plazo. Cientos de empresas miden sus logros en función del tiempo que emplean para realizar su labor con éxito, otras buscan alcanzar sus metas financieras o de mercado en el menor tiempo posible.

Doy gracias a Dios por la sabiduría que ha puesto en los hombres para lograr grandes avances tecnológicos y científicos que nos han beneficiado. Sin embargo, estamos frente a una generación que no quiere detenerse a esperar y se frustra cuando no obtiene lo que desea en el momento que lo desea.

Nos enfrentamos a uno de los gigantes de este siglo, llamado *ansiedad*. Si la depresión es exceso de pasado, la ansiedad es exceso de futuro. La persona que batalla contra este mal no puede disfrutar del tiempo presente, del hoy de Dios, porque está pensando continuamente en el mañana. La raíz del afán desmedido y la ansiedad se llama temor: temor al futuro, a que las cosas no sucedan como esperamos, a que Dios no responda como le hemos pedido, a que no se cumplan las promesas en nuestra vida. Cuando el temor toca a la puerta de nuestro corazón, comienza una crisis de fe. Es entonces cuando comenzamos a dudar de todo lo que Dios dijo y empezamos a turbarnos.

La ansiedad trae consigo otro obstáculo del que quiero hablarte ahora: la *impaciencia*. La impaciencia se caracteriza por una actitud de insatisfacción producto de la tardanza en que suceda algo que se está esperando.

La esperanza que se demora es tormento del corazón;
Pero árbol de vida es el deseo cumplido. (Proverbios 13:12)

Puede que hayas recibido una palabra profética de que Dios hará algo grande en tu vida, pero ves que pasan los meses y aparentemente las cosas siguen igual. Entonces, comienzas a sentir una frustración nerviosa que te lleva a hacerle toda clase de preguntas al Señor y a cuestionarte: ¿Será que Dios lo hará? ¿Y qué pasa si nunca recibo el cumplimiento de la palabra? ¿Cuánto tiempo más se tardará esta promesa?

Tal vez llevas en tu vientre espiritual la promesa de que recibirás restauración financiera y que Dios abrirá puertas de oportunidad que te harán prosperar grandemente, pero el tiempo pasa y sigues viendo tus números en rojo. Quizás sientes el agotamiento de lidiar con tu enfermedad y el milagro que necesitas en tu cuerpo parece tardarse demasiado. O puede que la espera por la ayuda idónea que Dios te prometió se esté haciendo más larga de lo que quisieras y sientes que los años corren, llevándose tus oportunidades.

Existe una famosa frase que dice: "el que espera, desespera", pero yo diría que es el alma del impaciente la que cae en los lazos de la desesperación. El impaciente no puede esperar. No tiene tiempo para sentarse en el pasillo a adorar mientras Dios abre la puerta de la oportunidad. Por el contrario, fuerza violentamente la cerradura para tener acceso aun cuando no es el tiempo. Tampoco posee la capacidad de sentarse en el regazo de su Padre celestial, apacentar su alma desesperada y preguntarle con ternura: "¿Cuál es la estación que estoy viviendo? ¿Qué quieres que haga hoy?".

Vivimos en un mundo lleno de impaciencia, que gira a toda velocidad cada minuto. Tristemente, esto también sucede dentro de las iglesias con aquellos que no pueden esperar el tiempo oportuno de Dios y tratan de llegar a su destino de cualquier forma. Así, se levantan ministros de la noche a la mañana, que establecen ministerios *express*. Aunque existe un fuerte llamado por la palabra profética de Dios que portan, muchos todavía no tienen la madurez necesaria o no han recibido la formación suficiente para sostener tal peso de unción.

En los años que llevo caminando en mi destino profético, tengo la plena certeza de que Dios me ha levantado como una voz profética para esta generación. Pero también sé que el Espíritu Santo transformó mi corazón en el de una madre. Por mí misma, no habría sido capaz de pastorear y formar a tantas personas, pero por la gracia de Dios hubo una transición en mí que me ha permitido tomar pequeñas ovejas, cuidarlas, vendar sus heridas, limpiarlas y encaminarlas hacia los planes maravillosos del Señor. Aunque en algunas ocasiones soy como el profeta Elías, puedo decir que he aprendido a amar todo lo que Dios ama. Realmente, hay una pasión en mi interior por impartir lo que por gracia recibí y ser una herramienta de formación para hombres y mujeres de propósito.

Una vez, cierto ministro me dio una palabra que recuerdo muy bien: "Por cuanto has tomado lo que nadie quiso, te daré lo que muchos quieren y no has pedido". Verdaderamente, he recibido un bautismo de amor que me hace abrazar a los que aparentemente no calificaban según la religión y verlos transformarse en vasos de honra para la gloria de Dios. ¡Tengo buenos testimonios de maravillosos cambios! El secreto está en tener un corazón sencillo y dócil para dejarse tratar. No puedo describir el gozo que siento cada vez que veo a los que salieron de mis lomos fluir en su asignación. Solo me quedo admirando como una madre orgullosa, viendo a sus hijos crecer. Sin embargo, no en todos los casos ha sucedido lo mismo. Muchos decidieron detener su proceso de formación porque la impaciencia y la ansiedad les ganaron. Llegan como el hijo pródigo que se fue de la casa de su padre a pedir su herencia porque sienten que ya esperaron demasiado. Muchas veces he llorado, porque cuando se trata de destinos proféticos, el asunto es serio. Supe de personas que estaban a la víspera de una ventana estratégica que los iba a transicionar a otra estación más gloriosa, pero debido a la impaciencia, perdieron la oportunidad que Dios había marcado en su *kairos*.

Es necesario que comprendas que, en el camino hacia tu destino, Dios mismo te asignará padres espirituales que, con amor y firmeza, te cubrirán, alimentarán y formarán para que llegues a tu propósito eterno con éxito. Algunos quieren correr a toda velocidad cuando aún no pueden dar pasos pequeños y certeros, y quieren ser alimentados con carne cuando aún no les han crecido los dientes. El Padre sabe en qué momento entregarte cada cosa, y su tiempo oportuno viene después de un periodo de preparación que te habilita para recibir cada bendición que prometió darte.

Para que toda tu vida se alinee con el *kairos* de Dios, es necesario que mueras a tu *cronos*, que renuncies a tus formas y sometas el libre albedrío que Dios te ha dado a la voluntad buena, agradable y perfecta que Él tiene para ti. El gran problema de la impaciencia es que te hace actuar fuera de las estaciones que Dios estableció y moverte fuera de su orden. Todo lo que no esté operando bajo el *kairos* se encuentra desubicado y fuera de sintonía con el Espíritu Santo. Puede que la motivación de tu corazón sea buena, puede que estés apuntando al blanco, pero si lanzas la flecha precipitadamente, las consecuencias pueden ser devastadoras.

Quizás la voz del enemigo te ha susurrado al oído pensamientos como: "Mira cuánto tiempo llevas esperando y Dios no ha hecho nada, levántate y hazlo a tu manera", "los años están corriendo y el mejor tiempo de tu vida se está esfumando, te quedarás en soledad si sigues creyendo que la promesa se cumplirá", "¿Cuánto hace que sirves en la iglesia y todavía no te han puesto a predicar la Palabra? Probablemente deberías buscar un lugar donde te valoren y te permitan crecer". Satanás sabe cómo agitar nuestra alma durante el periodo que transcurre entre recibir la palabra profética y llegar a su cumplimiento. Es especialista en arrojar sus dardos maliciosos directamente al centro de nuestro corazón, para que le abramos la puerta a la impaciencia y comencemos a movernos bajo la desesperación y la ansiedad. Él sabe muy bien que, si logra desestabilizar nuestra confianza en Dios, provocará que tomemos las riendas de nuestra vida y empecemos a caminar como a nosotros mejor nos parece, lejos del consejo y la guía del Espíritu Santo. El costo de tomar decisiones a la carrera es demasiado alto y, en algunos casos, fatal para el destino profético de los hijos de Dios.

El Fruto de la Impaciencia son Decisiones Equivocadas

El que tarda en airarse es grande de entendimiento;
Mas el que es impaciente de espíritu enaltece la necedad. (Proverbios 14:29)

El libro de Proverbios nos describe a los hombres con un espíritu impaciente y cómo estos se vuelven necios debido a su apresuramiento. Cuando te dejas gobernar por este enemigo, intercambias la sabiduría por la necedad, y la revelación por la falta de discernimiento, lo que te lleva a actuar de manera desacertada. La Biblia está llena de ejemplos de hombres y mujeres con un destino profético trascendental y promesas extraordinarias de Dios, quienes, al no esperar el tiempo oportuno, tomaron decisiones precipitadas con consecuencias terribles.

Quiero hablar específicamente del Padre de la fe, nuestro patriarca Abraham. Dios lo tomó de Ur de los caldeos para llevarlo a un destino extraordinario. Fue separado de su cultura, familia y orígenes para ser el precursor del pueblo escogido, a través del cual todas las familias de la tierra serían bendecidas.

Abraham vivió impulsado por una palabra profética, caminando por fe y creyendo en quien le había dado tan grandes promesas. Sin embargo, en un momento de su caminar, experimentó la impaciencia y tomó una decisión equivocada. Aunque figura entre los héroes de la fe, era un hombre de carne y hueso, sujeto a pasiones y a la desesperación del alma.

Las Escrituras relatan que Abraham tenía gran pesar por no tener descendencia, viendo cómo los años más vigorosos de su vida pasaban sin poder engendrar hijos que heredaran la bendición y el pacto de Dios. Llegó a pensar que debería dejar su herencia a un esclavo nacido en su casa.

> *Dijo también Abram: Mira que no me has dado prole, y he aquí que será mi heredero un esclavo nacido en mi casa.* Luego vino a él palabra de Jehová, diciendo: No te heredará este, sino un hijo tuyo será el que te heredará. Y lo llevó fuera, y le dijo: Mira ahora los cielos, y cuenta las estrellas, si las puedes contar. Y le dijo: Así será tu descendencia. (Génesis 15:3-5)

¡Qué gran promesa recibió Abraham, aun siendo ya de avanzada edad! Eso es lo maravilloso de una palabra profética, no se limita a tu situación presente ni a las imposibilidades del escenario natural, tiene la habilidad de conectarte al presente eterno de Dios, donde todo lo que sale de su boca se cumple con seguridad.

Como seres humanos, el problema no está en recibir una palabra profética, sino en mantener la fe mientras pasa el tiempo. Nos emocionamos y la creemos con todo el corazón, pero a medida que los meses pasan, entramos en conflicto con ella y podemos caer en la trampa de pensar que Dios necesita nuestra ayuda para cumplirla.

Sara, la esposa de Abraham, también sintió gran aflicción por no haber podido darle descendencia. En el pueblo de Israel, no poder concebir era motivo de afrenta y vergüenza. Puedo imaginar el lamento de su alma al verse mayor y sentir que todas sus posibilidades se habían agotado. A los ojos humanos, una mujer de casi noventa años ya no tenía esperanza de tener un hijo. Luego de años de intentarlo, Sara decidió tomar el asunto en sus manos y actuar rápidamente para no perder más tiempo.

La Escritura nos muestra que Sara le propuso a su esposo algo que no era el plan original de Dios para su familia:

> *Saraí mujer de Abram no le daba hijos; y ella tenía una sierva egipcia, que se llamaba Agar. Dijo entonces Saraí a Abram: Ya ves que Jehová me ha hecho estéril; te ruego, pues, que te llegues a mi sierva; quizá tendré hijos de ella. Y atendió Abram al ruego de Saraí. Y Saraí mujer de Abram tomó a Agar su sierva egipcia, al cabo de diez años que había habitado Abram en la tierra de Canaán, y la dio por mujer a Abram su marido. Y él se llegó a Agar, la cual concibió; y cuando vio que había concebido, miraba con desprecio a su señora (Génesis 16:1-4)*

Esto me hace reflexionar sobre la influencia espiritual que tenemos las esposas en la vida de nuestros maridos y la responsabilidad que Dios nos ha dado de afirmarlos y cubrirlos para que el destino profético de nuestra generación se cumpla en su totalidad. Sara quiso ayudar a Dios, y Abraham, en lugar de esperar en la palabra profética, accedió a ese pedido movido por la impaciencia de su corazón.

Las consecuencias de esta decisión precipitada se sufren hasta el día de hoy. Era el vientre de Sara el escogido para traer a luz toda la generación del pacto que más tarde se transformaría en el pueblo de Israel. La desesperación y la necedad se pagan hasta nuestros días al ver la enemistad que existe entre los descendientes de Isaac e Ismael, padres de los pueblos del oriente que siguen en conflicto hasta este momento. La palabra profética se cumplió, pero hubo gran pesar y dolor por el accionar apresurado.

Algunos toman decisiones equivocadas, sustentadas en emociones efervescentes, que obstaculizan su caminar profético y, en muchos casos, los apartan completamente del camino. Muchos tienen un fuerte llamado con asignaciones divinas dentro del cuerpo de Cristo, recibieron la palabra y creyeron con fe, pero al no discernir el *kairos*, pasaron necesidades financieras grandes porque dejaron sus empleos para salir al ministerio cuando aún no era el tiempo. No estaba en los planes de Dios que sufrieran esas pruebas, más bien fueron producto de la falta de revelación. Otros tal vez tomaron la decisión de contraer matrimonio cuando todavía no estaban lo suficientemente maduros y listos para dar ese gran paso, y han tenido que pasar dolores que podrían haberse ahorrado si hubieran esperado un poco más el tiempo oportuno de Dios.

Nuestro Padre es misericordioso y amoroso, capaz de restaurar todas las cosas para regalarnos nuevos comienzos, pero en ocasiones las consecuencias de las decisiones son tan fuertes que, aunque lleguemos a destino, quedarán grandes cicatrices por las caídas que tuvimos mientras queríamos andar a la carrera.

En mi vida, he sido parte de aquellos que querían ofrecerle una mano a Dios para que las cosas sucedan. Por mi personalidad bulliciosa, yo era de las que le decía al Señor: "Si tú no lo haces, lo hago yo". Confiaba en mi Padre Celestial, pero cuando las cosas no salían como esperaba y en el momento que creía que debían suceder, empezaba a hacerme cargo yo misma de los asuntos. Siempre estaba un paso adelante de todos.

En los últimos años, debido a algunos padecimientos físicos, me vi obligada a tomar regularmente periodos de reposo. Imagínese usted, para una mujer que toda su vida ha sido como un torbellino, tener que detener todo lo que estaba haciendo para reposar. Los primeros tiempos fueron duros. En mi interior había tanto movimiento, pero mi cuerpo me limitaba. Mi mente quería correr como a 100 millas por horas, mientras mi físico solo caminaba a la mitad. Sé lo que se siente batallar contra la frustración, la ansiedad y la impaciencia. Más de una vez quise salir corriendo sin importar cómo me sintiera para meterme nuevamente en los negocios de mi Padre.

He llorado como una niña diciéndole a su Abba: "Tú me dijiste que iba a suceder, tú prometiste que se cumpliría, ¿por qué me tienes aquí?". Hubo momentos de silencio, pero en otras ocasiones solo podía oír su voz diciéndome: "Confía y espera". Ha sido una prensa para mi alma morir a mi *cronos*, pero uno de los frutos de estos procesos ha sido la revelación para discernir las temporadas y estaciones, y la virtud que hallamos cuando abrazamos el tiempo de espera.

Aprender a Esperar

Mi porción es Jehová, dijo mi alma; por tanto, en él esperaré.
Bueno es Jehová a los que en él esperan, al alma que le busca.
Bueno es esperar en silencio la salvación de Jehová. (Lamentaciones
3:24-26)

Hay tanto que podríamos hablar sobre lo que significa esperar en Dios. No es una tarea fácil, pero cuando aprendemos a someter nuestro tiempo y nuestras decisiones al tiempo perfecto, suceden cosas maravillosas. Muchos creen que el paréntesis entre la palabra profética y su cumplimiento es un tiempo muerto o desperdiciado. Tengo la certeza de que aquellos que sufren de impaciencia realmente no han descubierto el precioso valor que se halla en la espera.

Dios utiliza este tiempo para forjar nuestro carácter, moldear nuestro corazón y prepararnos para recibir el cumplimiento de las palabras escritas en el libro del destino. Como buen Padre, Él sabe que, si nos otorga lo que pedimos en el momento en que lo hacemos, es muy probable que desperdiciemos las oportunidades por no tener la preparación necesaria.

Dios me bendijo con tres hijos maravillosos, y junto con mi esposo, nos esforzamos en darles todo lo necesario para que lleguen más lejos de lo que nosotros hemos alcanzado. Como padres, sabemos cuándo es el momento adecuado para darles oportunidades porque los vemos listos para tomarlas. Nadie en su sano juicio le enseñaría a manejar un vehículo a un niño de cinco años. De la misma manera, el Señor opera con nosotros a lo largo de estas temporadas.

Si recibiste una palabra profética, si Dios te habló acerca de tu destino y lo que hará en tu vida, si portas una promesa para tu generación, pero hoy te encuentras en ese paréntesis, quiero decirte que no hay cosa más hermosa que esperar en los tiempos del Señor.

> *Todo lo hizo hermoso en su tiempo; y ha puesto eternidad en el corazón de ellos, sin que alcance el hombre a entender la obra que ha hecho Dios desde el principio hasta el fin. (Eclesiastés 3:11)*

Amo tanto este pasaje, verdaderamente ha sido mi *rhema* en tantos momentos donde la impaciencia quería agitar mis emociones y la ansiedad me golpeaba sobremanera. Puedo testificar que verdaderamente todas las cosas son más hermosas en el tiempo de Dios. Él nunca llega tarde, siempre es preciso en su obrar. Algo que sucede en la vida de aquellos que abrazan la espera es que reciben una revelación tremenda de la persona de Dios y comienzan a desarrollar una devoción profunda junto con virtudes como la perseverancia y la paciencia.

Esperar también implica un periodo de tiempo donde nuestra fe y confianza en lo que Dios dijo que haría serán probadas. Mira lo que dice el libro de Santiago acerca de esto:

> *Hermanos míos, tened por sumo gozo cuando os halléis en diversas pruebas, sabiendo que la prueba de vuestra fe produce paciencia. Mas tenga la paciencia su obra completa, para que seáis perfectos y cabales, sin que os falte cosa alguna. (Santiago 1:2-4)*

La paciencia es la virtud que tiene una persona para esperar sin sentirse apresurada o ansiosa, sin acelerar los procesos y dedicando el tiempo necesario a realizar cada acción que la llevará a la meta. Cada vez que nuestra confianza en el Señor pasa por el fuego, la paciencia es ejercitada.

¿Qué sucedería si Dios te dice hoy mismo que aquello que te prometió se cumplirá, pero tomará diez años? ¿Podrías esperar confiadamente en ese plan perfecto o buscarías atajos para llegar más rápido?

El Valor del Reposo

No te desanimes cuando experimentes momentos en los que parece que nada está sucediendo en tu vida. Hay tiempos que son necesarios para poder entrar en la próxima temporada, porque es precisamente allí donde Dios comienza a pulir nuestro carácter para sostener la unción y la bendición preparadas para el tiempo futuro. En algunas oportunidades, nos volvemos impacientes y, en lugar de esperar en Dios, corremos a cabalgar sobre corceles veloces.

> *Porque así dijo Jehová el Señor, el Santo de Israel: En descanso y en reposo seréis salvos; en quietud y en confianza será vuestra fortaleza. Y no quisisteis, sino que dijisteis: No, antes huiremos en caballos; por tanto, vosotros huiréis. Sobre corceles veloces cabalgaremos; por tanto, serán veloces vuestros perseguidores. (Isaías 30:15-1)*

Los corceles veloces representan los caminos alternos que siempre nos guardamos como plan de escape para evadir el camino por el que Dios quiere que caminemos. Son nuestras propias decisiones y las sendas más fáciles y menos forzosas. Debes saber que, en el Señor, no hay atajos. Por escabroso que parezca un camino, debemos atravesarlo porque solo ese sendero nos conecta a la próxima estación de nuestro destino profético.

Las Escrituras nos hablan repetidamente acerca del reposo. Reposar está íntimamente ligado a nuestra fe en la obra que Jesucristo hizo en la cruz del Calvario por cada uno de nosotros. Podemos entrar en el descanso cuando tenemos una firme convicción del "consumado es".

Al inicio de mi caminar con el Señor, siempre intentaba ayudar a Dios para que todo saliera bien. Cierto día, escuché la voz del Espíritu Santo hablarme sobre la importancia de reposar y aquietar nuestra alma. Entendí que debía compartir este mensaje con la iglesia de inmediato. Lo cierto es que nadie recibió nada en aquel servicio, a pesar de mis esfuerzos por ministrar la Palabra. Más tarde comprendí que ese mensaje era directamente para mí y que, antes de poder compartirlo con otros, debía conquistarlo. Nunca imaginé que me tomaría tantos años y tantos procesos poder hablar nuevamente de esto con otro nivel de autoridad.

Cuando hemos sido de naturaleza independiente e hiperactiva, sin darnos cuenta, podemos ser un obstáculo para la manifestación de los milagros sobrenaturales que Dios quiere hacer. Lejos de esperar en Él, accionamos e interferimos con su plan. Cada vez que caminamos en acción contraria a lo que Dios ha establecido, solo ganamos cansancio, frustración y finalmente regresamos nuevamente al punto de partida desde donde nos soltamos de su mano. He aprendido que, en medio de las olas del estrés y la ansiedad, debo predicarle la Palabra a mi alma. De nada sirve el esfuerzo si el arquitecto supremo no está involucrado en tu obra.

> *En lugares de delicados pastos me hará descansar;*
> *Junto a aguas de reposo me pastoreará.*
> *Confortará mi alma;*
> *Me guiará por sendas de justicia por amor de su nombre. (Salmos 23:2-3)*

La Escritura dice que Jesucristo es el buen pastor que pastorea nuestras almas en aguas de reposo. Muchas veces nosotros quisiéramos que Él nos pastoree en medio de nuestra ansiedad y afán, pero su Palabra es clara. Somos nosotros quienes debemos acercarnos a las aguas de reposo y dejarnos pastorear. Debes reposar de tus obras y de todo tu estrés, para entrar en ese reposo donde tu alma puede encontrar refugio seguro.

En la cultura del reino de los cielos no existe la palabra afán o ansiedad. Salir de la ansiedad no ha sido tarea fácil para mí. Crecí siendo ansiosa, por eso puedo testificar con autoridad sobre lo que es batallar contra esta emoción en el alma. Cada vez que veo al espíritu de ansiedad rodearme por cualquier situación, corro al lugar donde encuentro la paz. Voy desesperadamente y me rindo ante la presencia de mi Padre. Puede que no encuentre la respuesta que necesito en primera instancia, pero esperaré pacientemente y regresaré nuevamente mañana para seguir buscándole. Decido ir cada mañana a su regazo y aquietar mi alma.

Y mi pueblo habitará en morada de paz, en habitaciones seguras, y en recreos de reposo. (Isaías 32:18)

Este pasaje ha sido mi pan en estos últimos meses. Dios tiene habitaciones seguras y recreos de reposo para nuestra vida. No te desesperes y recuerda que todo en el tiempo de Dios es más hermoso. Él nunca llega tarde; quizás lo veas obrar en el último minuto, pero ten por seguro que siempre llegará a tiempo.

La Adoración en el Tiempo de Espera

Quizás en este momento te estás preguntando qué se supone que debes hacer en el tiempo de espera. Algo que he comprobado por mí misma es que la mejor manera de atravesar este tiempo sin caer en la trampa de la desesperación es navegar en los ríos de la adoración que fluyen del trono de nuestro Señor.

Hay algo tan poderoso que sucede mientras adoras: tu visión cambia, tus ojos se abren y todo lo que puedes ver es a Él, el Alto y Sublime, el que vive en las alturas y cuyo nombre es tres veces Santo. Aquel que llena el templo con sus faldas y cuya santidad nos hace temblar. Ese que tiene ojos como llamas de fuego y cabellos blancos como la nieve. El que es Alfa y Omega, principio y fin, y en cuyas manos están nuestros tiempos asentados. El que tiene llaves para abrir y cerrar las puertas de oportunidad, el que tiene toda la autoridad para enviar una palabra y hacerla germinar a su tiempo, ese que hace venir la lluvia temprana y tardía para que los hombres tengan su cosecha. Aquel que no es un ser humano para mentir ni para arrepentirse de lo que ha salido de sus labios, quien es digno de toda nuestra confianza, de toda nuestra esperanza, de toda nuestra fe.

A medida que escribo esto, hay lágrimas en mis ojos, porque solo pensar en su persona me conmueve. Yo también tengo sueños y palabras proféticas que guardo en mi vientre espiritual y llevan años ahí, esperando el momento de ser alumbradas. Muchas veces siento que la impaciencia quiere susurrarme al oído, pero cuando empiezo a contemplar a mi amado, las tinieblas se disipan y mi corazón se vuelve a conectar a ese palpitar que me dice una y otra vez: "Confía y espera".

Si no hubiese entendido el poder que hay en la adoración, probablemente habría quedado atrapada en la ansiedad y la frustración. Toda mi desesperación se ha ahogado en la fe que brota dentro de mí cada vez que adoro. Mis tiempos de reposo se han transformado en encuentros gloriosos donde puedo pasar horas y horas, y cuando siento que su presencia captura la atmósfera, es como si no pudiera dejarlo ir.

Cuando te encuentres en medio del tiempo de espera y sientas que tus emociones se turban porque el tiempo de cumplimiento parece tardar, sumérgete en la adoración y verás cómo algo dentro de ti comienza a cambiar. Todo lo que debes hacer es mirar hacia su santo templo, como decía David, y esconderte en lo profundo de su morada. A medida que le adoras, tu corazón se fortalece en la fe que necesitas para confiar en que sus tiempos son mejores.

La adoración te conecta con el presente eterno de Dios, provocando que el *cronos* y el *kairos* comiencen a alinearse y fluyan juntos en una sintonía que colabora con el cumplimiento de la voluntad del cielo aquí en la tierra. Cada vez que el tiempo de los hombres entra en acuerdo con el tiempo celestial, sucede algo maravilloso y sobrenatural. Aquellas cosas que con nuestro esfuerzo no hubiésemos podido alcanzar en años, suceden de forma acelerada porque decidimos acordar con el tiempo oportuno. La Palabra nos dice que para Dios mil años son como un día, y un día como mil años; es decir, Él puede hacer en un momento lo que a nosotros como seres humanos nos llevaría toda una vida. Los momentos que están alineados en el *kairos* de Dios son tan efectivos y trascendentales que valen por años.

Redención de Decisiones Precipitadas

Puede que hayas tomado decisiones precipitadas de las que hoy te lamentas y te arrepientes. Probablemente sientes que ibas caminando bien, pero la impaciencia te salió al encuentro y tus emociones quedaron atrapadas por la ansiedad, haciendo que buscaras atajos por los que nunca deberías haber entrado. Sin embargo, tenemos un Dios que es poderoso para restaurar lo que parece perdido, tomar nuestros peores fracasos y convertirlos en grandes aprendizajes de los cuales adquirimos sabiduría.

Probablemente te aceleraste más de la cuenta y, por la falta de revelación del *kairos*, sientes el remordimiento de una mala decisión. Quiero decirte que Dios sigue teniendo un plan maravilloso para tu vida, que el destino escrito para ti sigue vigente y la revelación que tienes en tus manos en este momento es una prueba de su gran amor y misericordia.

Quiero profetizar sobre tu vida que el Espíritu de revelación y sabiduría viene sobre ti de una manera extraordinaria como nunca lo habías experimentado. Dios mismo comenzará a alumbrar los ojos de tu entendimiento y lo que antes estaba oculto comenzará a ser revelado. La misma unción que estaba sobre los hombres de la tribu de Isacar reposa sobre ti, porque es la unción del Santo. Tu espíritu se despierta a la realidad de Dios, y el discernimiento para comprender estaciones y temporadas se activa por el poder que hay en la impartición que estás recibiendo. ¡Declaro que no eres de aquellos que se dejan gobernar por la impaciencia, sino que vas a abrazar los tiempos de espera con una gloriosa esperanza y firme paciencia!

Las voces de aquellos que buscan agitar tu alma serán silenciadas por la voz de aquel que te dice, al igual que a mí: "Confía y espera". El *cronos* y el *kairos* comienzan a alinearse, la tierra y el cielo trabajan en una perfecta unidad, y entras en acuerdo con el reloj de Dios para caminar de acuerdo a su guía.

Quiero llenar tu corazón de una santa expectativa, quiero despertar la esperanza en ti. No importa qué temporada estás viviendo, sea cual sea la estación de tu presente, nada se compara con la gloria que ha de manifestarse sobre tu vida si permaneces en el lugar de la espera.

Oro para que recibas la fortaleza que viene de lo alto, para no claudicar en tu decisión de aguardar con paciencia en el pasillo hasta que la puerta de la nueva temporada se abra. Clamo para que tu fe sea una firme ancla, que te permita tener la plena convicción de que, ¡si Él lo dijo, Él lo hará!

8

Quinto Enemigo: El Desánimo

La vida y nuestro caminar hacia el destino profético están llenos de momentos y situaciones diversas que convierten el sendero en una verdadera aventura, solo apta para valientes. En el trayecto nos encontramos con valles y montañas, ríos y desiertos, sendas empedradas y otras plagadas de verdes pastos. Es por eso que el Señor necesita transformar nuestros pies endebles en pies de ciervas, listos para caminar en todo tipo de terreno.

Cuando viajas en una carretera y sales de tu lugar de origen para llegar a cierto destino, en el camino puedes observar diversos paisajes: unos dignos de una postal y otros nada pintorescos, pero es necesario pasar por todos ellos para llegar al lugar al que debemos llegar. En la vida nos toca atravesar diferentes temporadas. No siempre estamos en tiempos de gozo y celebración; a veces debemos pasar por momentos de quebranto, pérdida o dolor. Hay pruebas y batallas que enfrentar, así como también tiempos de quietud y paz. Las aguas a veces están tan turbulentas que parece que nuestro barco está a punto de hundirse, pero de pronto llega una gran bonanza: el cielo se abre y el mar obedece a la voz que lo llama a la calma.

Caminar hacia tu destino profético no te asegura estar libre de pasar tiempos difíciles o vivir algunas crisis. Habrá momentos duros. Pero es en esos momentos cuando debemos aferrarnos a las palabras proféticas que hemos recibido para levantarnos con poder y seguir avanzando.

En nuestros entrenamientos proféticos, sugerimos a las personas que, cada vez que reciban una palabra de Dios, la escriban rápidamente o, si pueden, la graben en su teléfono celular. Hacemos esto porque entendemos que cada palabra profética es un banco de esperanza al que puedes recurrir una y otra vez en medio de las dificultades. Es aquello de lo que te alimentas en tiempos de escasez, un maná del cielo que te sustenta en medio de cualquier desierto y te llena de una santa expectativa hasta ver con tus ojos el cumplimiento. Nosotros quisiéramos que todo fuera sencillo y fácil, pero el Señor nunca nos prometió una vida cómoda; más bien, nos llenó de promesas para poder caminar en la adversidad.

> *Estas cosas os he hablado para que en mí tengáis paz. En el mundo tendréis aflicción; pero confiad, yo he vencido al mundo. (Juan 16:33)*

En este pasaje, Él nos dice que, por el solo hecho de estar en este mundo, vamos a experimentar algún tipo de padecimiento. Esto es inevitable. Todos nosotros en cierto momento de nuestras vidas nos encontraremos cara a cara con el dolor. Pero este toma otro sentido para aquellos que somos hijos e hijas de Dios a través de la obra de Jesucristo.

> *Porque esta leve tribulación momentánea produce en nosotros un cada vez más excelente y eterno peso de gloria; no mirando nosotros las cosas que se ven, sino las que no se ven; pues las cosas que se ven son temporales, pero las que no se ven son eternas. (2 Corintios 4:17)*

Amo esta porción. Me encanta porque nos entrega dos promesas que nos llenan de esperanza en medio de cualquier temporada difícil. Primeramente, observa que llama a la tribulación "momentánea". Esto quiere decir que Dios le puso una fecha de vencimiento a los tiempos de adversidad. Estos no son eternos, sino que hay un límite de duración que el Todopoderoso estableció de antemano. ¡Qué maravilloso! No importa cuán dura parezca la circunstancia que podamos estar viviendo, no importa cuánto tiempo llevemos soportando una prueba, Dios le ha puesto un límite a esta temporada y le ha ordenado que no puede extenderse más allá. Luego nos revela que el producto de los tiempos de aflicción para los hijos de Dios es una dimensión de gloria mayor. Es decir, que después de una tribulación, sales con un nivel de empoderamiento en el Espíritu Santo superior al que tenías antes. De hecho, las grandes conquistas han sido precedidas por tiempos de mucha batalla, y las manifestaciones de la sobrenaturalidad de Dios se dan en escenarios donde reinan las imposibilidades.

Todo lo que sucede en nuestra vida forma parte del destino profético. Dios toma los sucesos más dolorosos para que todas esas palabras que están escritas en ese libro que lleva nuestro nombre se desarrollen totalmente. ¡Esto me llena de fe y de una gran expectativa en lo porvenir! No importa cuál sea mi estación presente, yo sé que mi Redentor vive y sé que veré su bondad en esta tierra. Por eso me levanto por encima de cualquier adversidad con una esperanza renovada, pues cada tribulación solo desata una manifestación mayor de su gloria en mí. Cada ataque, cada prueba, cada momento de dolor son la antesala de nuevas conquistas y me catapultan a lo nuevo de Dios. Así como Jesús, puedo testificar que he salido de los desiertos en el poder del Espíritu de Dios para hacer la obra que me encomendó aquí en la tierra.

La Herramienta de Satanás

Cada vez que pasamos por alguna dificultad, se presenta ante nosotros la oportunidad para que algo glorioso se manifieste. Pero también nos enfrentamos a enemigos, merodeadores del desierto, que buscan meternos en estados de sitio espiritual y usar nuestra adversidad como el sepulcro de nuestro destino profético. Tú puedes decidir aferrarte a la Palabra de Dios con todo tu corazón o permitirle la entrada a Satanás para que opere trayendo angustia, temor, depresión y sentencias de muerte.

Una vez escuché una historia que decía que Satanás realizó una subasta pública de las herramientas que utiliza para dañar a los hijos de Dios. Había muchas, y todas de diversas formas, pero una de ellas era particularmente notable porque tenía un letrero que decía: "Solo en exhibición, no está a la venta". Cuando le preguntaron al respecto, él respondió: "Puedo deshacerme de todas las herramientas, pero no puedo vender esta porque es la más útil que tengo; se llama *desánimo* y me abre el camino a corazones que de otra manera serían impenetrables. Cuando logro introducir esta herramienta en su interior, tengo el campo libre para plantar todo aquello que deseo. A decir verdad, el desánimo es lo que me ha hecho famoso". Esta no es una historia bíblica, pero me gusta cómo describe a este enemigo con el que nos enfrentamos en el camino al destino profético.

El *desánimo* significa pérdida del aliento, falta de vida, estar sin espíritu, sin ánimo o sin ilusión; es descorazonarse. Es sentirse en un estado de agotamiento extremo, arruinado, derrotado, débil y temeroso. Además, implica una actitud de queja y murmuración. Todas las personas en esta vida experimentarán algún tipo de desánimo, incluso los hijos de Dios.

Este sentimiento llega a nuestra vida cuando estamos atravesando algún tipo de dificultad. Puede que hayas recibido un diagnóstico médico de enfermedad y sientas que tu vida transcurre entre hospitales. Entonces, comienzas a sentir la frustración de ver que tu cuerpo no responde como quisieras, lo que provoca un agotamiento no solo físico, sino también en tu alma y en tu espíritu. Comienzas a abatirte, ya no sientes la misma fuerza, aparecen pensamientos de temor al futuro porque este parece cada vez más incierto, y un manto de tristeza cae sobre ti.

Quizás estás atravesando una crisis financiera donde todos tus recursos se han perdido y has quedado en rojo. Las preocupaciones asaltan tu mente al punto de no dejarte descansar por las noches, porque no sabes cómo sustentarás a tu familia, cómo enfrentarás las deudas ni qué comerás en la mañana porque la alacena está vacía. Te sientes frustrado, cansado de tirar las redes y no obtener nada, y hasta puede brotar alguna queja de tus labios.

También en el ministerio vivimos temporadas difíciles. Tal vez estás esforzándote en llevar adelante la obra y has puesto todo tu corazón en ello, pero te encuentras en medio de un tiempo de controversia, donde muchos de los que te apoyaban hoy te dan la espalda. Sientes que has invertido tu tiempo, tu corazón y tus lágrimas en aquellos que hoy decidieron alejarse. Sientes la soledad y las heridas de la traición, y entonces llegan las primeras manifestaciones del desánimo. Ya no tienes fuerzas para seguir adelante, el ministerio se hace cada vez más cuesta arriba, buscas aislarte y pierdes de vista el propósito y la visión que Dios te entregó un día.

Todos en algún momento nos enfrentaremos al desánimo. Puedes estar lleno de promesas y palabras proféticas, la revelación de tu destino profético puede ser clara, pero es inevitable que lleguen dificultades y tribulaciones.

Cuando te encuentras desanimado, te envuelve un sentimiento de tristeza extrema. Sientes un cansancio que nace desde lo profundo de tu alma y enferma hasta tus huesos. Ya no sientes el ímpetu que antes tenías, dejas de ser violento en el espíritu y de ver el futuro con esperanza porque la realidad presente es demasiado difícil. Así como los niños en el vientre pueden detener su crecimiento debido a eventos adversos, las promesas y palabras proféticas que gestamos en nuestro vientre espiritual también pueden verse amenazadas por el desánimo. Este puede paralizar el crecimiento de todas las semillas que Dios plantó en lo profundo de nuestro ser, las cuales venían creciendo para llegar al día del alumbramiento. Sin embargo, entran en una fase de pausa que puede durar mucho tiempo. Esto es un verdadero obstáculo en el destino profético, porque si no salimos pronto de este estado, corremos el peligro de detener la obra que Dios quiere hacer en nuestras vidas y hacer que aquello que debía suceder en un tiempo determinado, demore mucho más.

> *Así ha hablado Jehová de los ejércitos, diciendo: Este pueblo dice: No ha llegado aún el tiempo, el tiempo de que la casa de Jehová sea reedificada.*
> *Entonces vino palabra de Jehová por medio del profeta Hageo, diciendo: ¿Es para vosotros tiempo, para vosotros, de habitar en vuestras casas artesonadas, y esta casa está desierta? (Hageo 1:2-4)*

En los tiempos del profeta Hageo, el pueblo de Dios había detenido la obra porque estaban sumergidos en sus propias preocupaciones. Habían dejado de edificar el templo del Señor y pusieron en pausa su reconstrucción porque no tenían el ímpetu ni el ánimo para seguir adelante. Decían que no era el tiempo para edificar, pero realmente no podían comprender qué estaba marcando el reloj de Dios. Cuando te encuentras desanimado, ya no sientes el fuego del servicio en tu corazón, la pasión que antes sentías por la obra de Dios comienza a mermar. Dejas todo lo que hacías para Él con amor y te pones en pausa. Sin darte cuenta, puedes detener los proyectos y sueños de Dios para ti. El desconcierto por tu realidad presente puede provocar confusión, haciéndote pensar que es tiempo de detenerte en el camino cuando, en realidad, en el cielo se te ordena avanzar con un espíritu de conquista.

> *Despertó Jehová el espíritu de Zorobabel hijo de Salatiel, gobernador de Judá, y el espíritu de Josué hijo de Josadac, sumo sacerdote, y el espíritu de todo el resto del pueblo; y vinieron y trabajaron en la casa de Jehová de los ejércitos, su Dios. (Hageo 1:14)*

Dios mismo tuvo que despertar el espíritu de su pueblo y sacarlo del letargo en el que estaban. Él provocó un agitar en las aguas del interior de sus corazones que rompió el largo periodo de pausa, haciendo que comenzaran nuevamente a trabajar en la obra. Les dio el aliento de vida, les infundió ánimo y les devolvió el vigor perdido. Fue como un reseteo que los sacó del estancamiento y los colocó nuevamente en el *kairos* de Dios, donde las cosas suceden.

Esto es lo que desea hacer el Espíritu Santo. Quiere traer un despertar, un de repente que nos sacuda por completo del presente en el que nos encontramos y nos ponga en pie para ver a Dios avivar su obra en medio de los tiempos.

El Velo de la Tristeza

Algo que caracteriza al desánimo es el profundo sentimiento de tristeza que se experimenta en el alma. La tristeza es un estado anímico que ocurre por un acontecimiento desfavorable y suele manifestarse mediante el llanto desmedido, el pesimismo, la melancolía y estados de insatisfacción. Es sinónimo de desconsuelo y se presenta ante diferentes sucesos que pueden causarla.

Sentir tristeza es una reacción normal del ser humano ante eventos dolorosos; no es malo ni debe ser reprimido. Dios nos permite atravesar el valle de lágrimas. El problema surge cuando esa tristeza se vuelve crónica y se intensifica con el tiempo, extendiéndose mucho más allá del evento que la ocasionó. Si esa tristeza no se trata pronto, puede convertirse en algo más complejo llamado depresión.

No está mal llorar. De hecho, la Palabra nos dice que Dios mismo recoge nuestras lágrimas en una redoma donde son guardadas. Las lágrimas tienen un alto valor, y es nuestro quebranto lo que atrae la presencia de Dios y conmueve su corazón, provocándolo a manifestarse. Sin embargo, la tristeza que proviene del desánimo puede empañar la visión al punto de que puedes tener a Cristo Jesús frente a ti queriendo manifestar su poder, y no logras verlo. Es como un velo que nos impide ver que el Señor sigue estando a nuestro lado. Él no se ha ido y está tan cerca que casi podemos extender la mano y tocarlo. Esto fue justo lo que sucedió a los discípulos camino a Emaús.

> *Y he aquí, dos de ellos iban el mismo día a una aldea llamada Emaús, que estaba a sesenta estadios de Jerusalén. E iban hablando entre sí de todas aquellas cosas que habían acontecido. Sucedió que mientras hablaban y discutían entre sí, Jesús mismo se acercó, y caminaba con ellos. Mas los ojos de ellos estaban velados, para que no le conociesen. Y les dijo: ¿Qué pláticas son estas que tenéis*

> *entre vosotros mientras camináis, y por qué estáis tristes? (Lucas 24:13-17)*

Me encanta esta historia. Aquí puedes ver perfectamente cómo el poder de Cristo Jesús busca manifestarse en aquellos corazones que experimentan abatimiento. Cuando nuestro Señor fue crucificado públicamente, sus discípulos y seguidores se sintieron desanimados y abandonados. Imagina haber caminado durante tres años junto al Maestro, compartiendo tantos momentos, viéndolo obrar milagros de sanidad, liberando personas de espíritus inmundos, y no solo presenciando todas las señales maravillosas, sino también admirando su carácter tan humilde y manso, y que de pronto ya no esté contigo.

La Palabra nos muestra que dos de sus seguidores iban camino a Emaús en esos días. Había tal tristeza en el corazón de estos hombres por todo lo sucedido, que sus ojos estaban velados, su visión empañada, y no podían ver con claridad al Cristo resucitado que quería manifestarse ante ellos. El Señor les dice: "¿Qué son esas conversaciones que tienen y por qué están tristes?". Estos dos varones comienzan a derramar todo el peso que llevaban dentro. Puedo imaginar sus semblantes, su mirada afligida y el profundo sentido de desesperanza que tenían: ¿Realmente resucitará? ¿Qué haremos ahora que ya no está con nosotros? ¿Verdaderamente era el Mesías? ¿Y si creímos en un impostor?

Más adelante, Jesús los acompaña a una aldea, se sienta a la mesa y comparte un tiempo con ellos.

> *Y aconteció que, estando sentado con ellos a la mesa, tomó el pan y lo bendijo, lo partió, y les dio. Entonces les fueron abiertos los ojos, y le reconocieron; más él se desapareció de su vista. Y se decían el uno al otro: ¿No ardía nuestro corazón en nosotros, mientras nos hablaba en el camino, y cuando nos abría las Escrituras? (Lucas 24:30-32)*

¡Qué experiencia tan grandiosa! La manifestación sobrenatural de la persona de Jesucristo hizo que los ojos, velados por la tristeza, se abrieran para ver el poder de la resurrección. Los velos se rompieron y pudieron reconocer al Cristo que hablaba con ellos, al que estaba sentado a su lado, pero también al que los había acompañado todo el camino. La revelación de la persona de Jesús hizo que esos corazones abatidos comenzaran a arder nuevamente con el fuego del Espíritu.

Cada vez que te encuentras con la revelación de Jesucristo, algo sobrenatural comienza a suceder. Algo que no puedes explicar con palabras, pero que sientes que te traspasa hasta la fibra más profunda de tu ser. La manifestación de su persona provoca que la tristeza se disipe, que el corazón apocado recobre el ánimo y que los mantos pesados de luto sean reemplazados por ropas nuevas.

Tal vez llevas mucho tiempo tratando de enfrentar la tristeza con tus propias fuerzas, y las lágrimas han empañado tanto tu visión que no pudiste reconocer que Cristo Jesús siempre estuvo allí. ¡Yo declaro que tus ojos se abren, que todo velo que te ha impedido ver su manifestación es quitado en el nombre de Jesús y que algo poderoso sucederá en tu interior! ¡Tu corazón volverá a arder, el fuego del Espíritu Santo vendrá para traspasarte, para remover todo luto, todo desánimo, todo abatimiento! ¡Tendrás una experiencia tan profunda con la persona de Cristo en los próximos días que nada será igual, porque, así como hizo en Emaús, se te aparecerá en tu camino!

La Depresión

El desánimo y la tristeza intensa se alinean para formar parte de otro gran obstáculo llamado depresión. Quizás hayas escuchado hablar de ella porque alguien a tu alrededor la ha atravesado, o porque te tocó vivirla en carne propia. Nunca antes se habían escuchado tantos casos de pastores que se suicidan, de hijos de Dios con un tremendo destino profético y una asignación fuerte que deciden terminar con su vida porque no pueden sobrellevar lo que están viviendo. Esta es un arma que el enemigo está usando para acabar con el destino profético de muchos.

La palabra *depresión* viene del latín *depressio* y significa opresión, encogimiento o abatimiento. Es un trastorno del estado de ánimo, un sentimiento de infelicidad, culpa e incapacidad total o parcial para disfrutar de las cosas o acontecimientos de la vida cotidiana. Es capaz de disminuir el rendimiento y se manifiesta en todas las esferas de la vida. Matrimonios se separan, familias se quiebran, se pierden empleos y sociedades empresariales se disuelven.

La depresión ataca a todos por igual. No respeta ninguna posición social o financiera, ni siquiera la condición espiritual. Se calcula que afecta a millones de personas en el mundo. Lamentablemente, la mayoría de las personas no saben cómo lidiar con este problema y recurren a cualquier método buscando algo que los ayude a salir adelante.

Quien está en depresión ve todo tan oscuro que llega a pensar que la muerte es la mejor respuesta. Así, tenemos un número muy alto de suicidios en nuestros tiempos, aun de niños y jóvenes que deciden terminar con sus vidas a pesar de su corta edad.

En la Escritura encontramos muchos ejemplos de hombres y mujeres que experimentaron la depresión, y algunos hasta desearon su muerte. Uno de ellos fue el profeta Jonás.

> *Pero Jonás se apesadumbró en extremo, y se enojó. Y oró a Jehová y dijo: Ahora, oh Jehová, ¿no es esto lo que yo decía estando aún en mi tierra? Por eso me apresuré a huir a Tarsis; porque sabía yo que tú eres Dios clemente y piadoso, tardo en enojarte, y de grande misericordia, y que te arrepientes del mal. Ahora pues, oh Jehová, te ruego que me quites la vida; porque mejor me es la muerte que la vida. (Jonás 4:1-3)*

Después de una larga disputa con su destino profético y algunos intentos de huida, Jonás decide caminar en dirección al cumplimiento del propósito de Dios. Sin embargo, luego de que profetizara sobre el pueblo de Nínive para llamarlos al arrepentimiento, ve la misericordia y el perdón de Dios sobre ellos y se enoja en gran manera. No estaba de acuerdo con los tratos que el Señor tenía con el pueblo pecador, y era tanta la molestia que sentía que entró en una crisis depresiva y pensó que la muerte era la mejor salida.

Déjame decirte que muchas veces hacemos pactos con la muerte a través de este tipo de declaraciones. Puede que no lo hayas confesado con tu boca, pero si en algún momento deseaste que el Señor te llevara a su presencia porque la realidad presente era muy difícil, inconscientemente, aunque no lo hayas considerado de esa manera, entraste en un pacto con la muerte. Me ha tocado ministrar liberación a personas que habían hecho este tipo de pactos porque habían deseado morir o habían hecho oraciones a Dios muy similares a las de Jonás. Solo el poder en la sangre de Jesús puede romper estos decretos y liberarnos de los espíritus de muerte.

Cuevas Espirituales

Es interesante observar que las cuevas se han convertido en lugares turísticos. Para algunos, explorar cuevas es una actividad emocionante. En cambio, para aquellos que no se llevan bien con la oscuridad, la humedad y los espacios pequeños, prefieren observarlas desde afuera.

Una cueva es una cavidad subterránea que se formó por la intervención de la naturaleza, por la excavación de algún animal o por la mano del hombre. Esta cavidad constituye una caverna, y las condiciones en su interior son poco favorables. Entra poca luz del sol y se siente demasiado frío.

En la Biblia encontramos varios pasajes que mencionan el uso de cuevas. David y sus valientes las usaron como viviendas cuando se refugiaron en Adulán durante días difíciles. El pueblo de Israel las utilizaba como refugio de los ataques de sus enemigos, y Abraham las usó como tumbas para sepultar a su esposa Sara en Hebrón. Ninguno de estos usos está relacionado con sucesos agradables. De hecho, en algunas ocasiones, hablar de cuevas es sinónimo de muerte, despojo, soledad, depresión o temor. Hoy, muchos cristianos, hijos e hijas de Dios, que tienen revelación de su destino profético, se encuentran sumidos en estas cuevas que funcionan como una especie de cárcel o pozo de desesperación. No se trata de lugares físicos, sino de sitios espirituales donde el alma queda atrapada en un desasosiego profundo.

Una *cueva espiritual* es una actitud o condición que muchos adoptan para recluirse cuando no logran enfrentar el presente que están viviendo, cuando las pruebas son demasiado difíciles y las batallas se vuelven feroces. Es el escondite perfecto cuando todos los sueños parecen estar sepultados, cuando se nos arrebata de las manos la esperanza a la que nos habíamos aferrado y todo lo que habíamos creído que estaba por buen camino se derrumba. Tal vez pensaste que todo iba a salir como esperabas, hiciste planes y creíste que ibas bien, pero todo se desmorona de un momento a otro, y puedes caer en la tentación de recluirte en estas cavernas. Quizás una relación amorosa que se rompió, un proyecto empresarial frustrado, unos negocios que aparentemente estaban encaminados o una aspiración dentro del ministerio que finalmente no se da como creíste, y al no saber cómo enfrentar la presión, buscas un lugar espiritual donde esconderte, y nunca más salir de allí.

Sin importar la madurez espiritual a la que hayas llegado o los años que tengas en el Señor, habrá momentos específicos donde te verás en la tentación de buscar una cueva para atravesar los momentos de prueba y aflicción, y querrás huir de todo y de todos. Son esos momentos donde lo único que quieres es estar en soledad, echar tu cuerpo debajo de un enebro y llorar amargamente, sin que nadie te vea. Escapar de tu realidad presente parecerá la opción más favorable porque sentirás que no es posible afrontar tanto dolor, tanto fracaso y tanta derrota. Aunque nadie planea tomar esta condición o está allí por gusto, muchos están escondidos bajo las sombras de estos sitios espirituales.

Cuando te encuentras en la cueva, comienzas a dudar de las palabras proféticas que un día recibiste y te asaltan toda clase de pensamientos intrusivos: "¿Será que Dios perdió el control de mi vida?", "¿El Señor se habrá olvidado de sus promesas?", "¿Estará viendo que estoy bajo este manto de tristeza?", "¿Dios aún me ama?". Todos estos interrogantes te conducen a un lugar donde no eres capaz de ver más allá de tu realidad presente y tu fe es golpeada por las tempestuosas olas de la incredulidad.

En medio de esta condición, puedes encontrar que Dios es más que suficiente para levantarte de entre todos los sinsabores que tiene esta vida. Vamos a tener luchas, pasaremos por pruebas muy duras, vendrán momentos de soledad. La Biblia lo dice en el libro de Eclesiastés: existen tiempos de llorar, tiempos de guerra y adversidad. Todo eso forma parte del camino que nos toca transitar.

Sentirnos débiles, insuficientes y abatidos es algo normal. Lo que no está bien es que elijamos recluirnos por propia voluntad dentro de una caverna espiritual y permanecer allí por tiempo indefinido. Por ejemplo, puede que hayas experimentado la pérdida física de un ser amado y estés viviendo un tiempo de duelo donde tengas que llorar. Esto es algo que a todos nos toca atravesar en algún punto de la vida. Jesús mismo lloró por la muerte de su amigo Lázaro, sabiendo que iba a resucitar más tarde. Es bueno que derrames tu corazón en la presencia de Dios y dejes salir tu dolor. Pero no te aferres al manto del luto por más tiempo del necesario, ocasionando que te metas dentro de la cueva de la depresión y la muerte. Debes saber que Dios también le puso límites al tiempo de luto y lamento. Es permitido el dolor, pero permanecer más de la cuenta en ese estado solo te llevará a un pozo profundo y oscuro del que nunca podrás salir con tus propias fuerzas.

Hay una mujer en la Biblia que extendió su tiempo de aflicción más allá de los límites convenientes, y por esta razón se perdió de los meses de cosecha del pueblo de Israel. Rizpa, que había tenido hijos con el Rey Saúl, los vio morir a manos de los gabaonitas, al igual que su padre. Esta madre rasgó su corazón por la pérdida de sus hijos y entró en un tiempo de luto.

Entonces Rizpa hija de Aja tomó una tela de cilicio y la tendió para sí sobre el peñasco, desde el principio de la siega hasta que

> *llovió sobre ellos agua del cielo; y no dejó que ninguna ave del cielo se posase sobre ellos de día, ni fieras del campo de noche. (2 Samuel 21:10)*

Esta mujer permaneció por seis meses junto a los cadáveres de sus hijos, envuelta en un manto de luto y cilicio, extendiendo el tiempo de su aflicción.

Hay acontecimientos que nos marcan, sucesos inesperados que nos golpean muy duro: un mal diagnóstico, el proceso de enfermedad, la ruptura de una familia o una crisis financiera. No está mal que lloremos. A algunos se nos enseñó a mostrarnos impenetrables para mantener una apariencia de falsa espiritualidad. Creíamos que los grandes hombres y mujeres de Dios estaban hechos de acero. Pero el Señor nos hizo con emociones, y parte de la obra del Espíritu Santo en nuestra vida es trabajar en medio de esos procesos si estamos dispuestos a abrir las ventanas de nuestro interior y dejar que su luz entre. El corazón quebrantado es como un imán que atrae la presencia de Dios. Allí, Él se toma su tiempo para trabajar en nosotros de una forma especial, y como buen médico, darnos el tratamiento que se ajusta mejor a nuestra condición.

> *Cercano está Jehová a los quebrantados de corazón;*
> *Y salva a los contritos de espíritu. (Salmos 34:18)*

El problema surge cuando nos dejamos gobernar por nuestros sentimientos y, en lugar de correr a los brazos del Padre, huimos para cobijarnos bajo el manto del desánimo. El desánimo te dirá que es mejor sentarte dentro de la cueva y esperar tu muerte, te llenará de un sinfín de argumentos para justificar tu condición y hacerte creer que debes permanecer allí dentro. Nublará tu visión como una densa neblina, y no serás capaz de ver más allá de lo que hay en esa cueva. Tal vez creas que está bien tomarte un descanso, y es más, puede que pienses que tienes el derecho de esconderte por un momento del exterior, como una especie de tiempo fuera. Pero créeme, no te darás cuenta de cuánto tiempo ha transcurrido desde que te aislaste.

Quiero mostrarte en la Palabra la vida de un hombre que cargaba con un fuerte destino profético, pero que, a pesar del manto de autoridad que lo revestía, vivió un tiempo en cuevas espirituales: el profeta Elías, un hombre extraordinario que todos admiramos por cómo Dios manifestaba su poder a través de su vida. Enfrentó a los profetas falsos, y por su boca se abrían y cerraban los cielos. Ese mismo hombre también estuvo dentro de una cueva.

La Biblia nos dice, en 1 Reyes 18, que Elías experimentó una gran victoria cuando hizo caer fuego del cielo y confrontó a todo el pueblo de Israel por su idolatría. Preparó un altar y la gloria de Dios se manifestó, provocando un avivamiento sin precedentes que rasgó los velos de todos y volvió sus corazones al único Dios verdadero. Pero, habiendo vivido todo esto, un día se encontró con algo que lo agobiaba. Tal vez el cansancio por los años de tensión, las controversias y la mediocridad del pueblo de Israel lo llevaron a un estado de agotamiento. En este contexto, se levanta un decreto de muerte emitido por la reina Jezabel, y de momento lo envolvió un espíritu de temor que lo hizo claudicar en su carácter. Elías no supo cómo enfrentar lo que estaba viviendo y se vio a sí mismo como alguien fracasado, a pesar de todas las señales y prodigios que había visto.

> *Entonces envió Jezabel a Elías un mensajero, diciendo: Así me hagan los dioses, y aun me añadan, si mañana a estas horas yo no he puesto tu persona como la de uno de ellos. Viendo, pues, el peligro, se levantó y se fue para salvar su vida, y vino a Beerseba, que está en Judá, y dejó allí a su criado. (1 Reyes 19:2-3)*

Esta mujer se había levantado con un decreto contra el profeta Elías luego de enterarse de cómo había matado a tantos profetas de Baal y cómo el poder sobrenatural de Dios se había manifestado delante de todo el pueblo. Movida por el odio a lo profético, envió amenazas de muerte a través de un mensajero. Jezabel operó bajo un espíritu de intimidación, que buscaba paralizar a Elías mediante el temor, haciendo que perdiera su posición, su manto de autoridad y sacándolo del camino de su destino profético. Estas palabras provocaron tanto temor en la vida de este hombre de Dios que comenzó a caminar y vagar por el desierto deseando su muerte.

> *Él se fue por el desierto un día de camino, y vino y se sentó debajo de un enebro; y deseando morirse, dijo: Basta ya, oh Jehová, quítame la vida, pues no soy yo mejor que mis padres. (1 Reyes 19:4)*

Las palabras de Jezabel no tenían el poder suficiente como para amedrentarlo y hacerlo huir por sí solas. Probablemente, se conectaron a algún pensamiento de muerte que Elías previamente había concebido en su interior. Así es como el enemigo busca trabajar en nosotros. Antes de abandonarte en una cueva, lo primero que sucede es que escucharás una palabra que provoca una duda en tu mente. Satanás se tomará de lo que estás viviendo en tu realidad presente y, a través de la intimidación, lanzará un arsenal de dardos de fuego que buscan impactar directamente en tus pensamientos: "Mira el diagnóstico que recibiste, tu tiempo se está acabando, ya no hay nada más para ti", "nunca más podrás levantarte de esa cama, tu cuerpo ya no tiene la fuerza para seguir adelante", "tu negocio volvió a fracasar, no podrás levantarte de esta pérdida financiera, acepta tu ruina". Hay cientos de palabras que el enemigo va a enviar para tratar de intimidarte y llenarte de tanto temor que acabes huyendo.

Una cárcel y un estado de sitio se activan por medio de palabras. Cuando das entrada a las mentiras del enemigo y permites que estas minen tu mente con pensamientos de temor, de duda o de muerte, le das la autoridad necesaria para operar en tu vida. En mis tiempos de batalla, he escuchado tantos susurros maliciosos de Satanás. Conozco al espíritu de intimidación, he visto a Jezabel cara a cara lanzando sus amenazas de muerte en mi contra, porque, así como operó en aquellos tiempos, sigue levantándose en contra de la generación profética, haciendo que tantos hombres y mujeres que operan bajo la unción del espíritu de Elías se sientan intimidados y se escondan. Conozco las cuevas, he estado en ese lugar y sé lo que se siente estar batallando contra un decreto de muerte.

Pero bendito sea el Todopoderoso que ha levantado mi cabeza por encima de mi enemigo que aparentemente era más fuerte que yo, y he salido de las cuevas en el poder del Espíritu Santo para seguir caminando hacia mi destino de gloria.

Entrar en una cueva no es un suceso que ocurre de la noche a la mañana, sino que se trata más bien de una serie de pasos que damos hasta que finalmente nos encontramos dentro de esos lugares tan oscuros y fríos. Una de las primeras señales que se manifiestan en la vida de alguien que está experimentando estos sitios es el aislamiento. Lo primero que hizo Elías al recibir el decreto jezabélico fue dejar a su criado. A partir de ese momento ya no tenía con quién compartir sus luchas. No tenía quien levantase sus brazos en medio del agotamiento o quien cuidara sus espaldas en los tiempos de batalla. Decide quedarse solo porque tal vez pensaba que lo mejor era poner a salvo su vida sin comprometer la vida de los demás. Deja entonces a su criado en Beerseba y se embarca en un viaje por el desierto.

El aislamiento corresponde a un paso directo hacia la depresión. Cuando te aíslas, cuando buscas la soledad, cuando no tienes a alguien con quien compartir tu aflicción, estás haciendo lo mismo que hizo Elías. La soledad nunca es una buena amiga y consejera cuando estamos atravesando tiempos de dificultad. Recuerdo una canción que se escuchaba hace muchos años que en su letra decía, "Mi mejor amiga, la soledad". Cada vez que veía venir la soledad, disfrutaba de ella, pero no me daba cuenta de que venía sobre mi vida un ciclo de depresión cada vez mayor. Tuve que tomar la fuerte decisión de romper con esos ciclos de depresión y pararme firme, decirle a la soledad que nunca más sería mi compañera y que nunca más llenaría los espacios vacíos de mi corazón. Hay tiempos de soledad que son permitidos por Dios en nuestras vidas y que son usados para formar cosas gloriosas en nosotros y nunca son para mal. Pero la soledad que viene por estados de sitio te lleva a un pozo cada vez más profundo.

Cuando estés pasando por tiempos de prueba y batalla, nunca busques aislarte de aquellas personas que Dios envía para levantar tus brazos y para cubrir tus espaldas. En medio de mis tiempos de aflicción, he visto la mano de Dios mover corazones que se han levantado para batallar y orar a mi favor. Otros hijos que han estado más cerca alegraron mis días con alguna que otra broma, haciéndome reír y sacándome alguna carcajada. Amo reír y disfrutar con ellos. Veo el amor de Dios hacia mi vida en esos detalles, Él nunca me ha dejado.

No caigas en la trampa de aislarte, o de poner una barrera tan grande a todos a tu alrededor que impida que recibas el socorro divino. Cuando estamos en tiempos de crisis, nos sentimos débiles, y recluirnos solo nos vuelve más vulnerables a la intimidación de Satanás. Este hombre caminó y se ausentó por un tiempo para meterse en un desierto. Un desierto es un lugar inhóspito; allí no crecen las plantas, no hay agua fresca, los días son de altas temperaturas y las noches son muy frías. En ese desierto no hay rumbo, no hay camino, y te encuentras en soledad con tus pensamientos.

Tú puedes estar acompañado por fuera, pero viviendo un desierto en tu interior. Conversas con las personas, pero no haces contacto, te sientes abstraído de tu entorno, no tienes la capacidad para conectarte con otros y ese vacío de tu alma te acompaña dondequiera que vas. Podría haber cientos de personas rodeándote, pero adentro te sigues sintiendo solo. Quienes pasan por este estado espiritual sienten que los días son interminables e insufribles, que nunca acabarán, y uno es peor que el otro.

Puede que estés experimentando en este momento un vacío en tu vida, sientes que Dios te ha dejado solo y puede que ese sea el motivo de tu depresión. El desierto te hará creer que el Padre te dio la espalda y te abandonó. Caminarás así a lo largo de los días y las noches, hasta que finalmente te encuentres con el deseo de no querer vivir, como sucedió con Elías. Elías quiso morirse, quiso ponerle fin al sufrimiento y acabar pronto sin darse cuenta de que también estaba buscando ponerle punto final a su destino profético, cuando todavía no era el tiempo y había tanto por hacer. Cuando te metes en la cueva no estás buscando salir de esa situación, sino que lo que realmente quieres es desaparecer. Este sitio tiene la capacidad de paralizarte y neutralizarte, de volverte ensimismado, dándole vueltas a los mismos pensamientos pesimistas y negativos, una y otra vez.

¿Qué Haces Aquí?

La cueva podría haber sido el sepulcro del destino profético de este profeta de fuego, pero Dios le salió al encuentro y fue a buscarlo para sacarlo Él mismo de allí.

> *Y allí se metió en una cueva, donde pasó la noche. Y vino a él palabra de Jehová, el cual le dijo: ¿Qué haces aquí, Elías? (1 Reyes 19:9)*

Me encanta este pasaje porque, no importa dónde estés, Dios siempre te saldrá al encuentro. No hay forma de esconderte del Señor. La Palabra no dice que Elías se metió en la cueva por orden de Dios, sino porque estaba escapando, con su esperanza quebrantada. El Señor llega hasta la puerta de la cueva y comienza a confrontarlo: "¿Qué estás haciendo aquí, Elías? ¿Por qué estás en este lugar que no te pertenece? ¿Por qué te quejas y sientes lástima por ti mismo?".

Uno de los primeros pasos para salir de estos sitios espirituales es soltar el espíritu de conmiseración. La conmiseración es sentir lástima por ti mismo, creer que eres la única persona en el mundo atravesando una situación difícil, pensar que eres miserable y que todo en la vida está en tu contra. Es convivir con un sentimiento constante de victimismo, donde crees que todo es culpa de las personas y de las circunstancias. Sientes que todos se han olvidado de ti y, en el peor de los casos, crees que Dios también lo ha hecho.

Cada vez que hay conmiseración, también aparece la queja. La manifestación de la queja es un lenguaje cargado de resentimiento, disgusto y acusación. Quienes viven de esta manera experimentan la incapacidad de perdonar a quienes les fallaron, e incluso de perdonar a Dios porque no hizo las cosas como ellos querían.

La queja es el lenguaje del reino de las tinieblas y es lo contrario a la adoración. Cada vez que permites que la queja salga de tus labios, le estás dando gloria al enemigo. En cambio, la gratitud es un antídoto poderoso contra estos sentimientos. Tú decides cambiar un lenguaje cargado de disgusto por uno agradecido. Agradece a Dios por las cosas que ha hecho en tu vida, aunque tu presente sea difícil. Recordar las bendiciones que Dios derramó en el pasado te llena de esperanza para que algo glorioso se manifieste en tu presente. Pídele al Espíritu Santo que abra tus ojos y puedas empezar a ver todo el favor que te rodea. Me encantan las palabras del salmista David, quien le ordena a su alma recordar todas las bendiciones que Dios ha derramado y se anima a sí mismo a ser agradecido.

> *Bendice, alma mía, a Jehová, Y no olvides ninguno de sus beneficios.*
> *Él es quien perdona todas tus iniquidades, El que sana todas tus dolencias;*
> *El que rescata del hoyo tu vida, El que te corona de favores y misericordias;*
> *El que sacia de bien tu boca, De modo que te rejuvenezcas como el águila. (Salmos 103:2-5)*

Nuestra alma es fluctuante, no siempre sentiremos el deseo de adorar a Dios. Hay días en los que nos sentimos en las alturas y otros en los que no queremos ni levantar una oración. Por eso me gusta cuando leo que David le ordenaba a su alma lo que debía hacer. En otras palabras, le está diciendo: "Alma, tú no tienes el gobierno de mi ser, y aunque hoy no quieras hacerlo, adora al Dios vivo y recuerda todo lo bueno que Él te ha hecho". No se trata de lo que sientas, sino de lo que estés convencido.

Es tiempo de ordenar a esa alma, que ha estado llena de lástima, queja y resentimiento, comenzar a bendecir a Dios y a no olvidar ninguno de los favores recibidos. ¡Hoy personas serán rescatadas del hoyo del desánimo porque la queja y la murmuración que había en sus bocas está siendo mudada por palabras de gratitud para el Señor! Empieza a cambiar tu lenguaje y poco a poco verás una transición en ti, de una posición de queja a una de agradecimiento.

Continuando con la historia de Elías, dice la Escritura que Dios se le acerca y le ordena salir de la cueva:

> *Él le dijo: Sal fuera, y ponte en el monte delante de Jehová. Y he aquí Jehová que pasaba, y un grande y poderoso viento que rompía los montes, y quebraba las peñas delante de Jehová; pero Jehová no estaba en el viento. Y tras el viento un terremoto; pero Jehová no estaba en el terremoto. Y tras el terremoto un fuego; pero Jehová no estaba en el fuego. Y tras el fuego un silbo apacible y delicado. (1 Reyes 19:11)*

Esas palabras, "Sal fuera", son el desafío de fe que Dios le estaba haciendo a este hombre. Es como si Dios le dijera: "Elías, sé que tienes temor, sé que estás deprimido, sé de las amenazas que hay sobre ti, pero quiero que des un paso de fe y salgas de esa condición".

¡Esas mismas palabras son las que el Padre está soltando sobre ti! Él conoce tus desazones. La Palabra dice que nos conoce tanto que hasta tiene contados los cabellos de nuestra cabeza. No hay cosa que nos acontezca que Dios no sepa enteramente. Él sabe de tu tristeza, sabe lo que has pasado y qué te llevó a querer estar en esa condición, pero te dice: "Sal fuera, sube al monte de mi presencia y ponte delante de mí".

Después de que Dios le da esta orden a Elías, empieza a manifestarse delante de él con diferentes señales sobrenaturales. Primero lo hace en forma de viento recio, luego en forma de fuego, después aparece como terremoto. Todas eran manifestaciones que Elías ya conocía. Pero la última vez vino en una forma que él nunca había experimentado: un silbo apacible. Cuando este profeta supo que era la voz de Dios, inmediatamente cubrió su rostro con su manto, salió del lugar donde estaba y se puso a la puerta de la cueva. Dios quería hablar con

Elías, pero para hacerlo, necesitaba ver una actitud de fe de su parte; quería verlo salir de ese estado de sitio.

¿Cuál es tu cueva? Quizá estás allí a causa de un pecado que no olvidaste, heridas que no has podido sanar, tal vez es la derrota, la baja autoestima, un fracaso matrimonial, un fracaso de noviazgo o empresarial, limitaciones de cualquier naturaleza. ¡Hoy el Señor te ordena que salgas de allí y te pongas de pie con una actitud de fe, sabiendo que Él es quien te está llamando, Él te está buscando y extendiéndote su mano para que puedas levantarte nuevamente!

Este es el tiempo en que Dios quiere operar milagros en tu vida, donde lo imposible se vuelve posible. Él quiere tocar tu corazón, sanar tu cuerpo de una larga enfermedad en la cual no has visto respuesta, sanar tus emociones de todo fracaso sentimental y regalarte una nueva esperanza. ¡Es el tiempo de tu bendición, es el tiempo donde el Todopoderoso quiere mostrarse en una faceta que aún no conoces, en una dimensión nueva!

> *Y le dijo Jehová: Ve, vuélvete por tu camino, por el desierto de Damasco; y llegarás, y ungirás a Hazael por rey de Siria. A Jehú hijo de Nimsi ungirás por rey sobre Israel; y a Eliseo hijo de Safat, de Abel-mehola, ungirás para que sea profeta en tu lugar. Y el que escapare de la espada de Hazael, Jehú lo matará; y el que escapare de la espada de Jehú, Eliseo lo matará. Y yo haré que queden en Israel siete mil, cuyas rodillas no se doblaron ante Baal, y cuyas bocas no lo besaron. (1 Reyes 19:15-18)*

Luego de que Elías sale de la cueva, comienza a exponer ante el Señor su condición, pero la respuesta de Dios viene cargada de esperanza. Todavía había mucho por hacer. Había reyes que ungir, había más profetas que necesitaban su impartición y formación, y existían corazones íntegros en Israel que no se habían prostituido. En otras palabras, fue como si Dios le dijera: "Elías, tu tiempo aún no se acaba, porque un largo camino te resta por delante".

La esperanza tiene que ver con la manera en que vemos los días que se aproximan y lo que esperamos respecto al futuro. Siento que hay personas a las cuales Dios les está declarando las siguientes palabras: "Vuélvete al lugar de donde el enemigo te sacó, vuelve y recobra tu posición de autoridad, regresa al lugar de donde decidiste huir de mi presencia y entrar en el desánimo".

Dios quiere confrontar tu corazón, pero también quiere escucharte. Habla con Él, cuéntale de tu frustración, derrama tu corazón como agua y suelta todo lo que te ha hecho caer en ese estado de desánimo. No hay nada más hermoso que ser sinceros delante del Señor y decirle cómo nos sentimos. ¿Crees que Dios no lo sabe? ¡Claro que sí! Pero Él está esperando que seamos nosotros quienes abramos nuestra boca y desnudemos nuestra alma, dejando salir todo lo que nos ha estado agobiando.

La desesperanza te hace sentir que todo está perdido, que no hay nada en el horizonte, que todo se terminó para ti y que lo próximo que debes hacer es esperar la muerte, porque ya no hay lugar para los sueños ni los anhelos, no ha quedado nada. Por eso, el Señor te dice: "Vuélvete por tu camino".

Esta palabra, "volverse", quiere decir retirarse. Es decir, el Señor quiere que te retires de ese lugar de desánimo, que cambies el rumbo en el que has estado caminando, que te arrepientas de esa manera de pensar y decidas abandonar esa actitud de derrota. Despídete ya de la cueva del desánimo, dile adiós a ese lugar de soledad en el cual te has metido, niégate rotundamente a volver a ese lugar inhóspito. No más lamentos, no más negatividad y autodestrucción. Tan solo cree que todo lo que has estado pasando no durará para siempre. El llanto puede durar toda la noche, pero el gozo viene por la mañana, cuando el sol de justicia, que es nuestro amado Jesús, traspasa con su gloria nuestras tinieblas. Entonces, la oscuridad llega a su fin por la llegada de un nuevo amanecer. Vuelve a recordar las palabras del apóstol Pablo:

Porque esta leve tribulación momentánea produce en nosotros un cada vez más excelente y eterno peso de gloria. (2 Corintios 4:17)

Declaro en el nombre de Jesús que toda desesperanza es quebrantada y que comienzas a ver tu circunstancia y tu adversidad como algo pasajero, y puedes declarar: "Me niego a vivir en esta condición, me despido de la cueva del desánimo en la cual he estado porque sé que todo lo que he vivido me está encaminando a una dimensión de mayor gloria".

La gloria tiene que ver con la presencia de Dios y también con su provisión sobrenatural en todas las áreas de tu vida en las que has estado en necesidad. ¡Qué increíble es esto! El hombre que creía que todo se había terminado, que se había sentado a esperar su muerte, aquel que no podía ver un futuro esperanzador y no podía concebir los pensamientos de Dios, ahora tenía un nuevo aliento para seguir avanzando en su destino profético. Dios restauró su capacidad de soñar nuevamente.

El soñar tiene que ver con conectarse con los pensamientos de Dios para el futuro. Hoy puedes estar llorando, pero tu historia no ha terminado. Hay algo adelante que te está esperando. El profeta estaba listo para entrar en la próxima estación de su vida y transicionar a una nueva dimensión, no de derrota, sino de mayor gloria. No solamente ungiría al pueblo, sino que vendría sobre él una unción de autoridad y gobierno para levantar reyes y sucesores de su ministerio.

Cuando logras salir de la cueva del desánimo y comienzas a visualizar lo que Dios está a punto de hacer, la tristeza se convierte en gozo y tus pensamientos comienzan a ser saturados de los pensamientos de Dios. La alabanza estará en tu boca, porque vendrán a tu mente las promesas de Dios, las que ya cumplió y las que están por cumplirse. Declara sobre tu vida lo que dice el Salmo 126:

> *Cuando Jehová hiciere volver la cautividad de Sion,*
> *Seremos como los que sueñan.*
> *Entonces nuestra boca se llenará de risa,*
> *Y nuestra lengua de alabanza;*
> *Entonces dirán entre las naciones:*
> *Grandes cosas, ha hecho Jehová con estos. (Salmos 126:1-2)*

¡Declara que ese cautiverio de desánimo ha sido roto y recobras la capacidad de soñar! No importa si estás en una cama, no importa si ya tienes muchos años y ves tus cabellos más blancos y tus manos arrugadas, si todavía estás con vida es porque Dios no ha terminado contigo. Si todavía estás viviendo, es porque hay algo que aún no se ha completado en el propósito de Dios. Si todavía estás sobre esta tierra, tu corazón late y hay aliento en tus pulmones, es porque no has llegado al último párrafo del libro del destino profético.

Quizás todos te vieron como alguien en la ruina, pero sobre tu vida que hay un futuro glorioso esperándote. Hay un camino de victoria que Dios ha trazado, y ese camino es de mayor gloria, autoridad y poder. La alabanza estará en tu boca. Entonces, todos los que vieron tu luto y tu tristeza, e incluso los que vieron tu queja, dirán que verdaderamente ¡Dios ha hecho grandes cosas en tu vida!

9

Sexto Enemigo: La Indiferencia

Seguramente en algún momento has luchado contra la falta de motivación. Comenzaste el camino hacia tu destino profético con ímpetu, fuerza y entusiasmo. Cada paso era emocionante, mantenías la capacidad de asombro y tenías un profundo sentido de compromiso y responsabilidad con todo lo que Dios te había confiado. Todo lo hacías con pasión. De repente, te das cuenta de que la llama que ardía en tu interior comienza a extinguirse. Lo que antes te apasionaba ahora te resulta indiferente. Ya no sientes el mismo interés. Los días parecen repetirse, y te encuentras en un estado de desmotivación tan profundo que, aunque la tierra se sacudiera, no lograrías reaccionar. Muchos de nosotros, en algún momento de nuestras vidas, hemos atravesado un tiempo como este. Por diferentes motivos, dejamos de sentir la fuerza con la que caminábamos hacia nuestro destino profético.

Este último enemigo del que quiero hablarte es un adversario silencioso que asesina el interés y envenena la perseverancia en el camino hacia la conquista. Tiene la capacidad de endurecer el corazón y nublar el entendimiento, impidiéndonos apreciar con claridad lo maravilloso que es el propósito de Dios para nuestras vidas. Este enemigo se llama indiferencia.

La palabra *indiferencia* proviene del latín *indifferentia*, y según el diccionario de la RAE, se define como "un estado de ánimo en el cual no se siente ni inclinación ni rechazo por algo o alguien". Se experimenta una falta de motivación, interés y participación emocional en los asuntos de la vida. En resumen, representa la ausencia total de sentimientos que provoca que una persona permanezca inmóvil en su diario vivir.

Puedo identificar fácilmente a quienes están batallando con este adversario. Sus palabras están cargadas de desinterés, todo les parece pesado y agobiante, lo cual les impide asumir compromisos y mantenerlos con solidez. Son personas que viven desconectadas de la realidad que les rodea, han perdido toda sensibilidad porque su corazón se ha endurecido. En algunos, puedes identificar un lenguaje de resignación, donde no hay espacio para los sueños porque han decidido abrazar el conformismo para evitar cualquier situación que implique un esfuerzo. Su mentalidad se vuelve estrecha y limitada, incapaz de ver más allá de sí mismos.

Hay un pasaje en las Escrituras que me gusta mucho y se encuentra en el libro de Hebreos. En él, el apóstol Pablo alienta a los miembros judíos de la iglesia a mantener su fe en Jesucristo y no regresar a las antiguas costumbres de su vida anterior. Estaban bajo presión, experimentando muchas aflicciones, y por esta razón Pablo decide enviarles palabras de aliento para fortalecer su fe. Entre todos los consejos, hay uno en particular en el que deseo que nos detengamos a meditar:

> *No sean **apáticos**; más bien, imiten a quienes por su fe y paciencia heredan las promesas. (Hebreos 6:12 NVI)*

Esta es una advertencia contundente para no caer en las redes de la apatía. Pablo les ordena: "No sean apáticos". En otras versiones, podemos encontrar palabras como "perezosos" o "indolentes", pero he elegido esta versión porque refleja exactamente el sentido de la revelación en este capítulo.

La indiferencia, tarde o temprano, te lleva a un estado de apatía, donde te vuelves incapaz de heredar todas las promesas que Dios te entregó. No puedes alcanzar el destino profético y ver materializada cada palabra profética que el cielo ha hablado sobre tu vida. La apatía endurece tu corazón, contamina tu comunión con Dios y te desconecta de quienes te rodean. Con su poderoso efecto paralizante, extingue cualquier chispa de interés, reduciendo a cenizas el destino maravilloso que Dios escribió para ti.

En ocasiones, me encuentro con personas que han recibido muchas palabras proféticas sobre lo que Dios haría en sus vidas, pero su estado actual se encuentra alejado del diseño original del cielo. Como voz profética, y con el corazón de una madre que ha aprendido a amar todo lo que mi Padre celestial ama, siento una profunda tristeza cuando veo lo que la indiferencia puede hacer en la vida de un vaso de destino. Realmente, este enemigo es un destructor formidable de propósitos.

La Indiferencia: Una Forma de Menosprecio

Medita unos instantes en toda la revelación que has recibido a lo largo de tu vida: palabras proféticas, visiones, sueños, promesas en las Escrituras o pequeños destellos del Espíritu Santo en tu interior sobre los planes de Dios para ti. ¡Qué maravilloso es todo eso! Todo forma parte de tu historia profética con el Señor. Todos nosotros tenemos una historia emocionante con Dios, porque la vida en el Espíritu no es para nada monótona y aburrida; al contrario, es apasionante, llena de aventuras y desafíos. Siempre recomiendo llevar un pequeño cuaderno como diario para escribir todo lo que Dios te habla. Puedes llevarlo contigo en tu bolso al salir de casa, porque nunca sabes cuándo el Espíritu Santo comenzará a hablarte. Para los más modernos, existe la opción de usar el bloc de notas en sus teléfonos móviles. Lo importante es registrar lo que Dios está diciendo.

Es hermoso regresar a esos escritos y ver cuánto Dios ama comunicarse con nosotros. Siempre que necesito reforzar mi fe, vuelvo a mis cuadernos y doy una dosis de confianza a mi espíritu. Ten por seguro que esta práctica cambiará la dinámica de tu relación con Dios. Pero, ¿qué sucedería si nos volvemos totalmente indiferentes a todo lo que recibimos?

Hay un principio que deseo mostrarte: la indiferencia es una forma de menosprecio. Cada vez que permitimos que la indiferencia mine nuestro corazón, estamos menospreciando todo aquello que Dios nos entregó. Menospreciar implica subestimar, repudiar o restar valor a algo, dándole menos importancia de la que realmente merece.

La indiferencia contamina tu corazón con orgullo, de modo que decides hacer a un lado todo lo que Dios ha hablado sobre ti y comienzas a tomar tus propias decisiones basadas en lo que crees que es mejor para ti. Durante años, he dado consejería y he oído cientos de veces frases como "agradezco su consejo, pero creo saber lo que es mejor para mi vida", "yo puedo tomar mis propias decisiones", o "no necesito darle cuentas a nadie de lo que hago con mi vida". Otros, quizás, oyen con atención sin emitir resistencia, pero terminan tomando direcciones contrarias. Muchas veces me entristezco, porque no es mi consejo el que están desestimando, sino el consejo de Dios para sus vidas. Están siendo indiferentes a su propósito.

> *Muchos pensamientos hay en el corazón del hombre;*
> *Mas el consejo de Jehová permanecerá. (Proverbios 19:21)*

Nadie puede anular el consejo de Dios para tu vida, ni la multitud de voces a tu alrededor, ni el extenso mar de pensamientos en los que te sumerges dentro de tu mente. El orgullo te impide actuar con precisión porque rechazas, de manera directa o indirecta, la guía del Espíritu Santo. Quizás sientes en tu interior esa voz que habla contigo, pero, aun así, insistes en acallar lo que Dios te está diciendo para permanecer en tus propios razonamientos.

El orgullo siempre viene acompañado de egoísmo. Existen personas tan enfocadas en sí mismas que se vuelven insensibles en su relación con Dios, a las personas que les rodean, y a su destino profético. Puedes identificar el egoísmo en el corazón de una persona porque todas sus decisiones están orientadas a la autosatisfacción y la autorrealización, más que al cumplimiento de la voluntad perfecta de Dios para sus vidas. Dios anhela que alcancemos metas y se goza en concedernos los deseos de nuestro corazón, pero cuando ponemos nuestros planes y nuestra propia voluntad por encima de lo que el Señor ha planificado para nosotros, estamos siendo indiferentes al destino profético que Él mismo escribió.

El egoísmo es la actitud contraria al amor. Mientras el amor te lleva a entregarte sin reservas, el egoísmo te lleva a cerrar tus manos. Cuando amas a Dios y te enamoras genuinamente de Sus planes, te entregarás por completo; pero si todavía estás lidiando con el egoísmo, no serás capaz de ver más allá de ti mismo y podrías menospreciar el diseño del Creador.

Cuando te vuelves indiferente, también le abres la puerta a la pereza. La pereza te convierte en una persona negligente y descuidada en todo lo que se te ha confiado. Alguien perezoso desprecia continuamente cualquier tipo de responsabilidad y hábito que contribuya a su crecimiento. Dios reprende seriamente el alma del perezoso:

> *El alma del perezoso desea, y nada alcanza;*
> *Mas el alma de los diligentes será prosperada. (Proverbios 13:4)*

Muchos anhelan y proyectan un mundo dentro de su mente. Los escuchas hablar de sus ideas y quedas sorprendido por la capacidad que tienen para crear. Sin embargo, a la hora de ejecutar y pasar a la acción, es donde comienzan a verse los primeros fracasos, porque no son capaces de comprometerse en su esfuerzo o de asumir responsabilidades. La revelación del destino profético conlleva compromiso, diligencia y responsabilidad. Sin embargo, si quedas atrapado en los lazos de la indiferencia, te vuelves alguien holgazán que, aunque sabe lo que debe hacer y tiene las coordenadas de los próximos pasos, no tienes interés en esforzarte demasiado.

La indiferencia te lleva a tropezar una y otra vez en el camino. A veces, nos vemos sometidos a distintos escenarios donde somos más vulnerables, y acabamos tomando decisiones equivocadas, promovidas por el enemigo de la indiferencia. Quiero mencionarte algunos eventos en las Escrituras donde encontramos a hombres que portaban un tremendo destino profético, pero que, a causa de la indiferencia de su corazón al propósito de Dios, tropezaron en su caminar.

El Cansancio: Perder la Primogenitura

El patriarca Abraham engendró a Isaac, el hijo de la promesa que Dios le había otorgado, a través del cual se cumpliría la palabra profética de una gran nación y la bendición para todas las familias de la tierra, de toda lengua, tribu y nación. Posteriormente, Isaac engendró a Esaú y a Jacob.

Estos niños fueron fruto de las oraciones de su padre, ya que su esposa Rebeca era estéril. La Escritura relata que Dios escuchó la súplica de Isaac, y Rebeca concibió dos gemelos en su vientre. Estos dos luchaban dentro de su matriz, por lo cual ella oró al Señor con gran desesperación, y recibió una palabra profética:

> *Dos naciones hay en tu seno,*
> *Y dos pueblos serán divididos desde tus entrañas;*
> *Un pueblo será más fuerte que el otro pueblo,*
> *Y el mayor servirá al menor. (Génesis 25:23)*

Cuando se cumplieron los días de gestación, Rebeca dio a luz a los gemelos. El primero en romper la matriz de su madre fue Esaú, descrito como velludo y rubio en la Palabra. El segundo fue Jacob, quien salió con su mano asida al talón de su hermano. Ambos crecieron. Esaú se destacó como un hábil cazador, y por ello su padre Isaac lo amaba, pues disfrutaba de los frutos de su trabajo. Jacob, en cambio, era de carácter tranquilo y permanecía en las tiendas con su madre.

Sobre Esaú reposaba la bendición sacerdotal de la primogenitura, según la tradición judía. Solo el primogénito de cada familia era el heredero legítimo de la bendición sacerdotal del padre y el encargado de continuar con el legado familiar. Se consideraba primogénito al primer niño que nacía y abría la matriz de su madre, allanando el camino para el nacimiento de los demás hermanos.

Esaú, como primogénito de Isaac, era el heredero legal de la bendición y el manto que recibiría de su padre. Su destino profético de nacimiento era continuar con un legado, sin embargo, fue indiferente al propósito de Dios y cedió su derecho a su hermano en un momento de agotamiento extremo.

> *Y guisó Jacob un potaje; y volviendo Esaú del campo, cansado, dijo a Jacob: Te ruego que me des a comer de ese guiso rojo, pues estoy muy cansado. Por tanto, fue llamado su nombre Edom. Y Jacob respondió: Véndeme en este día tu primogenitura. (Génesis 25:29)*

Esaú, llegando del campo exhausto, perdió la bendición sacerdotal por su indiferencia, cambiando el destino de su vida por un guisado que solo satisfacía una necesidad momentánea y temporal.

> *Entonces dijo Esaú: He aquí yo me voy a morir; ¿para qué, pues, me servirá la primogenitura? Y dijo Jacob: Júramelo en este día. Y él le juró, y vendió a Jacob su primogenitura. Entonces Jacob dio a Esaú pan y del guisado de las lentejas; y él comió y bebió, y se levantó y se fue. Así menospreció Esaú la primogenitura. (Génesis 25:32)*

La Escritura nos dice que Esaú menospreció su primogenitura, es decir, despreció su destino profético. Jacob, por otro lado, conocía el valor de la bendición sacerdotal desde el vientre de su madre; por eso la Escritura menciona que su mano estaba asida al talón de su hermano. Dios sabía lo que iba a acontecer, nada le toma por sorpresa. Por eso entregó la palabra profética a Rebeca, diciendo: "El mayor servirá al menor". El relato concluye con un Esaú llorando amargamente porque su padre Isaac no podía darle la bendición sacerdotal, pero vemos a un Dios misericordioso que, de igual manera, lo bendijo y lo prosperó.

El cansancio extremo te hace vulnerable a los ataques de Satanás, llevándote a vender tu destino profético por una satisfacción o placer momentáneo que solo suple una necesidad temporal. En la Palabra encontramos historias de guerras del pueblo de Israel, y notamos que los enemigos siempre atacaban a los que quedaban en la retaguardia, es decir, atrás del regimiento. ¿Quiénes son los que están en las últimas filas del pelotón? Los que están agobiados y cansados.

Mi consejo para ti es que nunca te permitas llegar a un punto de cansancio extremo. Reconoce cuándo es tiempo de reposo y refrigera tu alma para ser fortalecido. El agotamiento te lleva a un estado de vulnerabilidad donde podrías aceptar cualquier oportunidad, aunque esta sea el sepulcro de tu destino. Y aunque Dios, en su misericordia, puede socorrernos cuando tomamos decisiones equivocadas, el camino de lágrimas y dolor es la consecuencia amarga que debemos afrontar.

Algunas personas esperan que se abran puertas para acceder a una nueva dimensión de prosperidad financiera, pero quizás, debido al agotamiento por su situación presente, terminan tomando decisiones que los alejan de Dios y los desvían de su destino profético. Otros están en proceso de formación para su asignación ministerial, pero la espera los agota, y aunque reconocen que están en el lugar correcto, toman decisiones equivocadas y se salen de la casa donde Dios los plantó, movidos por la moda y la popularidad. No es que Dios no pueda cumplir su propósito, Él lo hará, pero quizás estabas en el lugar preciso, con las personas correctas, y te saliste por tomar una decisión en un momento de agotamiento.

Si sientes que el agotamiento pesa sobre ti, busca ayuda, habla con las personas que Dios ha puesto para cuidar de ti, y abre tu corazón para recibir refuerzos, porque la indiferencia podría estar rondando a tu alrededor. Permite que la fuente inagotable sacie toda necesidad. Cristo es nuestra plenitud. No permitas que el desgaste que experimentas te lleve a negociar con el enemigo tu destino, porque terminarás pagando un precio más elevado del que quisieras por un simple guisado.

El Conformismo: Una Parada Permanente

En el libro de Génesis encontramos la breve historia de un hombre cuyo conformismo le impidió llegar más allá y tomar una tierra de bendición. Taré es mencionado en las Escrituras como el padre de Nacor, Harán y Abram, quien más tarde se convertiría en el padre de muchas naciones.

> *Estas son las generaciones de Taré: Taré engendró a Abram, a Nacor y a Harán; y Harán engendró a Lot. Y murió Harán antes que su padre Taré en la tierra de su nacimiento, en Ur de los caldeos. (Génesis 11:27-28)*

Taré tuvo tres hijos, pero uno de ellos murió repentinamente, dejando a su hijo Lot al cuidado de su abuelo. La Palabra dice que, tras la muerte de Harán, Taré tomó a su hijo Abram, a su nuera Sarai y a su nieto Lot, y salieron de Ur de los caldeos con destino a Canaán. ¡Qué asombroso es esto! Me maravilla la mente de Dios y lo maravilloso de su obrar. La tierra prometida estaba en la ecuación divina desde antes del llamamiento de Abraham. Había sido Taré, su padre, quien había iniciado este camino. Dios no improvisa cuando se trata de destinos, su mente tiene especial atención en cada detalle.

> *Y tomó Taré a Abram su hijo, y a Lot hijo de Harán, hijo de su hijo, y a Sarai su nuera, mujer de Abram su hijo, y salió con ellos de Ur de los caldeos, para ir a la tierra de Canaán; y vinieron hasta Harán, y se quedaron allí. Y fueron los días de Taré doscientos cinco años; y murió Taré en Harán. (Génesis 11:31-32)*

El destino era Canaán, pero Taré hizo una parada en la tierra de Harán y se quedó allí hasta su muerte. Este hombre se conformó y se acomodó, desviándose de la ruta que había propuesto transitar. Murió en Harán y probablemente perdió la oportunidad de contemplar con sus propios ojos la tierra bendita. En la mente de Dios, Canaán siempre fue el destino para su pueblo. La Biblia no relata que Taré haya tenido una palabra profética o una dirección especial de parte de Dios; sin embargo, de acuerdo con mi interpretación personal, creo que el sentir de este hombre fue inspirado por el Señor. A continuación de este suceso, en el capítulo 12 de Génesis, encontramos el llamamiento de Dios a Abraham para retomar la ruta que su padre había abandonado con dirección a la tierra prometida.

El conformismo y la comodidad llevaron a Taré a establecerse en un lugar que solo debía ser una estación temporal. Muchos de nosotros caemos en la misma trampa, nos conformamos con el presente y quedamos atrapados en un sitio de paso, olvidando que no es nuestro destino final. Si estás en camino hacia tu propósito, permíteme darte un consejo: no te acomodes. Los que somos hijos de Dios y caminamos con una conciencia de destino, somos como el viento, guiados por las corrientes del Espíritu Santo.

Si te aferras demasiado a una estación y te conformas con lo que estás viviendo, cuando el viento de Dios sople para indicarte que es momento de avanzar, no serás capaz de discernir ese movimiento. Cuando somos sensibles y obedientes, basta con una suave brisa para llevarnos en la dirección correcta. Sin embargo, si permanecemos demasiado cómodos, quizás Dios deba usar un huracán para que entendamos lo que nos está diciendo.

El conformismo es una trampa porque te mantiene atrapado en el presente y te impide expandir tu visión hacia el destino que Dios tiene para ti. Cada vez que te conformas con algo que, en tu interior, sabes que no está alineado con el diseño que Dios ha hablado para ti, te vuelves indiferente.

No te conformes, no te acomodes, no establezcas campamento si eres consciente de que aún no has llegado a la tierra prometida. Sigue la ruta que Dios ha trazado para ti. No permitas que una mentalidad estrecha y una actitud cómoda te atrapen, por más confortable que ese lugar pueda parecer.

Si decides no seguir avanzando, ten por seguro que Dios levantará a una nueva generación que culminará lo que la anterior despreció por su indiferencia, porque nuestro Señor siempre se proveerá de un vaso de destino cuyo corazón sea sensible y diligente. Dios levantó a Abraham para que culminara lo que su padre no hizo y además llevara la estafeta de un legado.

Negligencia: El Fin de un Sacerdocio

Cuando hablamos de negligencia, nos referimos a la falta de cuidado, es decir, al descuido. La indiferencia puede convertirse en un enemigo poderoso, llevándote a ser negligente con tu destino profético, lo que da como resultado errores repetidos por falta de atención. En la Palabra, encontramos un ejemplo claro, un hombre cuya negligencia no solo sepultó su propio destino profético, sino también el de toda su línea generacional.

Elí fue escogido por Dios para cumplir el sacerdocio en Israel, una responsabilidad que se transmitía por línea sanguínea. Es decir, si un padre era sacerdote, al llegar a la vejez o la muerte, sus hijos varones continuaban ejerciendo ese oficio. Sin embargo, al envejecer, Elí permitió que sus hijos asumieran las tareas sacerdotales en el templo, pero sus corazones estaban contaminados por las maquinaciones del enemigo, a pesar de la instrucción y el ejemplo que habían recibido de su padre.

Las Escrituras nos relatan que estos hombres ministraban en el templo mientras inducían al pueblo de Israel a pecar, adulterando las ofrendas y acostándose con las jóvenes que servían en la entrada del tabernáculo de reunión. El problema de Elí radicó en su indiferencia hacia la asignación espiritual que Dios le había otorgado a su generación. Fue negligente en sus deberes sacerdotales y pasivo al confrontar el pecado de sus hijos. Dios le dice en 1 Samuel 2:29:

> *¿Por qué habéis hollado mis sacrificios y mis ofrendas, que yo mandé ofrecer en el tabernáculo; y has honrado a tus hijos más que a mí, engordándoos de lo principal de todas las ofrendas de mi pueblo Israel?*

Elí cometió el grave error de honrar a sus hijos más que a Dios, despreciando así la posición que Dios le había dado. Como resultado, perdió el sacerdocio y vio perecer a toda su generación. Su negligencia, descuido y falta de diligencia en la tarea que el Señor le encomendó lo llevaron a la ruina.

La indiferencia hacia tu destino profético te vuelve negligente en tus acciones. Debes ser responsable y confiable, no solo respecto a tu propio destino, sino también al de quienes te rodean. Si eres padre o madre, ruega al Señor que te revele el destino profético que tiene para tus hijos y tu hogar. No puedes permanecer indiferente al propósito que Dios tiene para ellos. Corrige, confronta con amor y dirige las flechas que Dios ha colocado en tu aljaba hacia el blanco que Él mismo ha diseñado para cada una de ellas.

Como padres naturales y espirituales, estamos llamados a guiar la vida de nuestros hijos hacia el destino profético de Dios. Las confrontaciones no son agradables y a veces son dolorosas. Un pasaje de la Biblia que siempre ha sido mi *rhema* cuando me toca corregir a quienes Dios ha puesto a mi cuidado es:

Fieles son las heridas del que ama;
Pero importunos los besos del que aborrece. (Proverbios 27:6)

Ser madre para muchos es un privilegio hermoso que Dios me ha regalado, pero también es una gran responsabilidad. Mi deber es buscar conocer el destino profético de cada uno de mis hijos, guiarlos, formarlos y direccionarlos de acuerdo con su diseño. Como un águila que toma a sus polluelos, tengo la tarea de lanzarlos hacia su propósito, y no puedo tomar una actitud indiferente o negligente, porque podría truncar su destino. Hoy en día, muchos se hacen llamar padres o madres, pero digo que puedes reconocer a los verdaderos padres porque corrigen con amor. Ellos aman tanto y sienten tal compromiso con el destino de sus hijos, que confrontan y reprenden porque saben que es necesario para que lleguen a la meta.

Un verdadero padre te confrontará con lo que nadie más se atreve a confrontarte. Una verdadera madre te reprenderá con firmeza para que cambies de dirección cada vez que te desvíes. Los halagos y los cumplidos pueden venir de cualquiera, pero quienes verdaderamente te aman están comprometidos contigo hasta el final y harán lo necesario para verte alcanzar tu destino, incluidas las represiones.

No es sencillo confrontar, pero qué gratificante es cuando, con el tiempo, llega el agradecimiento de los hijos. Puedo reconocer a los verdaderos hijos espirituales porque, en lugar de ofenderse y alejarse con resentimiento cuando reciben corrección, escuchan con humildad y permanecen a nuestro lado. Agradecen la reprensión porque conocen nuestro corazón; saben que los amamos y estamos comprometidos con sus vidas hasta el final. Si eres padre o madre de hijos naturales o espirituales, no permitas que la negligencia o el temor a que te abandonen te impida formar conscientemente la vida de tus hijos.

Un Fuego en tus Huesos

Si has llegado hasta aquí en la lectura, seguramente ya entiendes en tu corazón que Dios ha escrito algo asombroso acerca de ti, pero que necesita tu participación para que se cumpla por completo. El Padre anhela que te encuentres con sus planes de bien. Se deleita en hablarte para que puedas conocer el sonido de su voz, disfruta entonar cánticos de liberación para rodearte, le agrada llamar tu atención en sueños y comunicarte sus mensajes por medio de visiones. Él es el primero en celebrar cuando un hijo o hija encuentra su lugar en la historia que escribió, pero lo que más desea es que te enamores y decidas abrazar con diligencia tu propósito.

Necesitas involucrarte completamente en el cumplimiento de tu destino en Dios, lo que implicará que tus decisiones, tu tiempo, tus recursos, tus hábitos y tus proyectos se conviertan en colaboradores de la obra de Dios en ti. Para alcanzar este grado de compromiso, debes enamorarte de ese destino. Por amor somos capaces de realizar las más grandes hazañas y locuras. Esa pasión es el motor que nos impulsa día tras día a avanzar.

Me gusta mucho el siguiente pasaje de la Palabra, las cuales son declaraciones del profeta Jeremías en un contexto de mucha presión:

Y dije: No me acordaré más de él, ni hablaré más en su nombre; no obstante, había en mi corazón como un fuego ardiente metido en mis huesos; traté de sufrirlo, y no pude. (Jeremías 20:9)

Este lamento de Jeremías, en medio de la persecución a causa de la palabra profética, describe el corazón de todo apasionado por Dios y su perfecto plan. Jeremías estaba sufriendo tal contradicción que decidió cerrar su boca y no profetizar más a Israel, sin embargo, la pasión que había dentro de su interior era como un fuego ardiente que consumía su vida, y aunque quiso ser indiferente a la voz de Dios, no pudo resistir.

¿Cuántos de nosotros hemos querido tirar la toalla y dejarnos vencer por la indiferencia? Sin embargo, la pasión que llevamos dentro no puede extinguirse. Esa pasión te hace invencible contra el enemigo de la indiferencia. Si hoy te encuentras luchando por mantener la llama dentro de ti, si sientes que la apatía está apagando el ímpetu de tu espíritu, vuelve a enamorarte de tu destino. Entra en las cámaras del Rey de reyes y hacedor de propósitos divinos, y pídele que renueve esa pasión dentro de ti. Sacúdete del conformismo, del cansancio y de la negligencia. Comienza a tomar la decisión consciente de deshacerte de la pereza, el orgullo y el egoísmo, y permite que tu corazón sea renovado una vez más.

10

Séptimo Enemigo: El Temor

El *temor* es otra de las manifestaciones que aparecen como consecuencia de problemas en el área del alma, así como el desánimo, la depresión, la soledad, el deseo de morir y el rechazo, de los cuales ya hemos hablado anteriormente. La palabra *temor* viene del latín *timor*, que significa espanto o sensación en el alma que lleva a una persona a escapar de aquello que considera arriesgado, dañino o peligroso para sí misma.

El temor y el miedo no son lo mismo. El miedo es una emoción natural propia del ser humano ante una amenaza o peligro inminente, con la finalidad de proteger. Por ejemplo, si estás caminando por el bosque y ves un animal salvaje, como un oso o un lobo, la reacción será escapar para preservar tu vida. Tal vez estés en la playa y de repente ves el cielo oscuro y un viento huracanado, lógicamente, buscarás un lugar seguro para ponerte a resguardo. Sin embargo, cuando el miedo se instala como parte de nuestra identidad y afecta nuestra conducta, estamos hablando de un nivel superior que, lejos de protegernos, comienza a limitarnos y a perturbarnos.

El temor es la presunción o la sospecha de un peligro, pero, a diferencia del miedo, este no tiene fundamentos. Es una especie de emoción artificial, sustentada en amenazas que no son reales o que resultan ser imaginativas, producto de pensamientos preconcebidos. El temor siempre se posa sobre acontecimientos que no son reales y que no están sucediendo en verdad, sino que se trata de posibles escenarios creados en la mente, los cuales en su mayoría nunca llegan a ocurrir. Quien teme, vive con el constante presentimiento de que algo malo va a suceder en cualquier momento. Tal es el caso, por ejemplo, de las personas que se niegan a tomar un avión porque sienten que sucederá algún desperfecto que terminará con sus vidas.

Es probable que el temor se genere por algo que nunca experimentaste y que tu mente asimiló como un escenario probable. Tal vez lo que sientes está basado en alguna mala experiencia que tuviste en el pasado y que necesita recibir el tratamiento adecuado por medio del Espíritu Santo. Hay jóvenes que ya se han desarrollado en muchas áreas de su vida, pero apenas se les habla de matrimonio, comienza el problema. Muchos se aferraron a la soledad porque, en el fondo, hay un temor en sus corazones a repetir las historias del hogar donde crecieron, tal vez los recuerdos de una infancia marcada por la separación de los padres o las heridas que ocasionó el abandono levantaron un escudo para no volver a experimentar el mismo dolor.

Cuando piensas que algo malo podría suceder —que podrías perder un trabajo, una relación o una oportunidad— creas la ocasión perfecta para que el temor aparezca en escena y comience a tomar el control de tu mente y emociones. Debes saber que el temor no tiene más poder que aquel que tú le otorgas. Los temores son como un bebé pequeño que se alimenta de leche para crecer. En la medida que abrazas esos pensamientos negativos y te aferras a esas emociones tan nocivas, estás alimentando el temor para que se haga cada vez más grande, hasta que este se vuelva incontrolable y se transforme en un amo al cual debes someterte.

Podemos ir caminando por las calles y ver a tantas personas con temor a la muerte, a otras que tienen serios problemas para conciliar el sueño porque temen no despertar la mañana siguiente. Hay padres que están temerosos porque piensan en el futuro de sus hijos, en cómo pagarán la universidad o de dónde saldrán los recursos para educarlos bien y que no repitan la condición en la que ellos han crecido. El mundo está lleno de personas que conviven día a día con el temor. De hecho, las enfermedades del alma y la mente, como los ataques de pánico y los síndromes de ansiedad que tienen su raíz en el temor, han llevado a muchos a recurrir a terapias y a medicamentos para mitigar los efectos de este opresor. Tristemente, también vemos hijos de Dios padeciendo estos problemas.

Acabamos de salir de uno de los tiempos más terribles que hemos vivido como humanidad: la pandemia por COVID-19. En ese tiempo, se soltó un espíritu de temor sobre todas las naciones. Recuerdo mirar las noticias y ver cómo desde los medios de comunicación se sembraba la semilla del temor en las personas: imágenes desgarradoras, números alarmantes y la incertidumbre de aquellos que debían ofrecer respuestas, lo que solo generaba más desesperación. La gente comenzó a vivir con miedo a morir, a perder a sus seres amados, otros batallaron con ataques de pánico y enfermedades psicosomáticas. Algunos vivían tanto temor que su cuerpo simulaba los síntomas de la enfermedad.

Recuerdo esos días como días de mucha confrontación espiritual en los aires. Realmente hubo guerra en los cielos. Cada semana recibíamos cientos de peticiones en nuestras líneas telefónicas de personas que estaban en unidades de cuidados intensivos batallando contra el espíritu de muerte, pero también de gente que estaba en medio de ataques de ansiedad y pánico, hijos de Dios a quienes el temor estaba golpeando fuerte. En esos días levantamos altares de adoración, establecimos decretos, hicimos largas horas de transmisión en las plataformas digitales y nos esforzamos para que la Palabra de Dios siguiera corriendo como un río, porque entendimos que la demanda en el espíritu era grande. Fue un tiempo de mucha batalla, pero también un tiempo donde vimos la gloria de Dios en una dimensión como nunca antes. En ese tiempo, pudimos comprobar que, aunque la tierra sea conmovida, todas las naciones bramen y los reinos estén titubeando, Jehová de los Ejércitos está con nosotros.

¿Cuáles son las circunstancias de nuestra vida que parecen un mar embravecido o montañas tambaleando? ¿Cuántas veces las dificultades, el pensar en el futuro y el porvenir nos provocan temor? Es por todas estas razones que quiero hablarte acerca de este espíritu para que puedas ser libre completamente y, cuando vuelva a presentarse delante de ti para obstaculizar tu caminar hacia tu destino profético, puedas levantarte sabiendo cuál es el arma que Dios te ha dado para salir en victoria.

El Espíritu de Temor

Por esta razón, te recuerdo que avives el fuego del don espiritual que Dios te dio cuando te impuse mis manos. Pues Dios no nos ha dado un espíritu de temor y timidez sino de poder, amor y autodisciplina. (2 Timoteo 1:6-7 NTV)

Este versículo proviene de una carta del apóstol Pablo al joven Timoteo, en la que le brinda palabras de afirmación para que siga creciendo y madurando en su fe, alcanzando así su destino de gloria. Pablo lo llena de valiosos consejos, entre ellos, comienza a hablarle de su identidad en Cristo Jesús y le destaca que el temor no forma parte del espíritu que habita dentro de él, sino que está cargado de poder, amor y dominio propio, como dicen otras versiones. El poder representa la obra del Espíritu Santo en nuestras vidas, el amor es la expresión de la naturaleza y el corazón del Padre, y el dominio propio es Cristo Jesús, la Palabra viviente que pudo caminar sobre esta tierra venciendo a la carne y al pecado.

Al hablar del temor, Pablo no se refiere al miedo, sino al espíritu de temor, una entidad espiritual capaz de atar a las personas y paralizar su caminar de una forma casi total. ¿Cuántas veces en nuestras vidas nos hemos encontrado bloqueados porque el temor nos salió al encuentro?

El objetivo de Satanás es robar, matar y destruir, por medio del temor, el espíritu que el Padre puso dentro de nosotros. Él buscará anular el amor de Dios en nuestros corazones, por eso, una persona bajo la influencia de este espíritu vive con una desconfianza continua, se vuelve inconstante, insegura, miedosa y triste. Pierde la capacidad de amar a Dios, disfrutar de su amor, y también de amar a las personas que la rodean.

Si el enemigo logra anular el espíritu de poder, habrá creado una vida espiritual inútil y estéril, incapaz de dar frutos. Esto convierte a los hijos de

Dios en personas cobardes que se dejan destruir por cualquier problema o situación que les provoque una dificultad. Muchos tienen un destino profético glorioso, pero nunca lo desarrollan en su totalidad porque el espíritu de temor los tiene atrapados. No pueden fluir en sus dones o talentos porque el espíritu de poder y la dinamita espiritual para hacer proezas se han transformado en cobardía y timidez. A la larga, estas personas se vuelven amargadas, llenas de resentimiento y frustración porque sienten que no han podido alcanzar los deseos de su corazón y ser verdaderamente un vaso de destino profético.

El dominio propio es otro de los blancos del espíritu de temor, que busca robar la paz y la seguridad que hallamos en Dios. La pérdida de dominio abre la puerta a enfermedades y desequilibrios graves en el área emocional; la persona se vuelve alguien de doble ánimo, totalmente inestable y que ha perdido el control de sus emociones. Aparecen ataques de ansiedad, llantos repentinos, reacciones explosivas y muchas otras manifestaciones en aquellos que han perdido el dominio de su alma.

Cuando estamos siendo influenciados por un espíritu de temor, comienza a brotar de nuestra boca un lenguaje que va en contra del lenguaje de la fe y está cargado de pesimismo y negatividad: "No puedo", "creo que no lo voy a lograr", "esto es demasiado grande para mí". Nos sentimos incapaces de enfrentarnos a los retos que requieren un gran nivel de fe. ¿Alguna vez te has sentido turbado mientras estás delante de retos enormes? ¿Te ha sucedido que, estando ante oportunidades por las cuales estuviste mucho tiempo orando, en lugar de experimentar gozo, sientes preocupación y ansiedad? Probablemente estás sufriendo los ataques del espíritu de temor, cuyo objetivo es bloquear las ventanas de oportunidad que el Padre abrió para ti y paralizarte al punto de no poder dar ni un solo paso de avance.

¿Cuántos han rechazado oportunidades de trabajo porque limitaron sus posibilidades al creer que no podían hacerlo o que no estaban a la altura de las circunstancias, fruto del temor alojado en el corazón y en sus pensamientos? Quizás esa era una puerta de bendición que Dios estaba abriendo, y no pudieron entrar por ella porque quedaron paralizados a mitad de camino. Otros tal vez han evitado predicar la palabra frente a la congregación porque piensan que el desafío es demasiado grande.

Si te encuentras bajo estos ataques, tu fe comenzará a menguar, porque el temor es precisamente lo contrario a la fe. Cuando caminamos por fe, somos violentos y no hay nada que pueda estorbarnos. Hay un ímpetu, una dinamita espiritual dentro de nuestro ser que nos hace avanzar, empujar contra todo obstáculo y caminar contra todo lo aparentemente imposible. La fe provoca que nos levantemos en el poder del Espíritu Santo, sabiendo que quien está con nosotros es más fuerte que quien se levanta contra nosotros, porque en el Todopoderoso, todas las cosas son posibles. Aquellos que viven en fe tienen una mentalidad de reino que es sobrenatural, va más allá de la realidad presente, más allá de lo tangible, y no se rige por una perspectiva humana, sino por la mirada celestial. Pero si la influencia del temor está en tu vida, caminarás más con una mentalidad natural y racional que con una mente espiritual, midiendo las cosas como el mundo las mide.

Hay gente que es bien violenta en su fe, pero llegó un espíritu de temor y de repente los encontramos perdidos en sus razonamientos humanos en lugar de caminar creyendo en el poder sobrenatural de Dios. Pueden hasta usar versículos de la palabra para justificarse: "Mejor seamos cautelosos, porque puede que esto no provenga de Dios", "andemos con sabiduría, porque la palabra dice que el sabio ve el mal y se aparta". Si bien es correcto que debemos discernir por el espíritu para probar y sopesar todas las cosas, quien vive atemorizado no es capaz de arrebatar nada en el reino de los cielos, ni siquiera aunque el Espíritu Santo le esté dando testimonio en su interior, porque el temor le hace creer lo contrario y distorsiona la voz de Dios, interfiriendo.

Yo recuerdo cuántas veces en mi vida tuve que confrontar este espíritu. No crea que siempre ha sido fácil para mí. A lo largo de los años, Dios me ha puesto delante de desafíos que requerían de una fe violenta y radical, y estos retos son cada vez más grandes porque tienen que ver con el nivel de conquista que el Señor nos va entregando. En muchas ocasiones pude sentir la influencia del espíritu de temor que se expresaba en mi mente con pensamientos como:

"Todavía no es tiempo", "No tienes los recursos necesarios, mejor es esperar a que las cosas se vayan dando", "Tu salud no está lo suficientemente bien para enfrentar este desafío, no vas a soportar". He tenido que levantarme y confrontar todos estos argumentos para que Satanás saliera huyendo de mi vida, porque, como te mostraré más adelante, para vencer este espíritu es necesario confrontarlo.

El temor acorta la vida física, empequeñece los propósitos de Dios, te frena en la carrera, amargará tus emociones, producirá autocastigo y apagará la luz de las promesas en tu vida.

Puede que en este momento sientas que no estás lidiando con esto, pero permíteme decirte que, si el espíritu de temor ha entrado en tu vida, buscará la manera de manifestarse en algún área. Hay personas que tienen temor a la muerte o a pasar por enfermedades y conviven con una sensación continua de que recibirán una mala noticia en cualquier momento. Temen la llegada de una enfermedad incurable y a morir prematuramente. Puede que esto se conecte con alguna experiencia dolorosa del pasado, y Satanás use esas vivencias para comenzar a disparar sus dardos: "Así como murió tu padre, de la misma manera acabará tu vida", "tendrás un accidente automovilístico, así como les sucedió a tus hermanos". Darle vueltas a los mismos pensamientos y no detener estos ataques con las armas que Dios nos ha entregado para destruir decretos y establecer sus verdades hará que estas personas desarrollen un fuerte temor a la muerte, poniéndolos en una cárcel espiritual.

Otros pueden estar sufriendo el temor a la crítica, a la burla, al rechazo o a recibir la desaprobación pública, es decir, tienen temor a los hombres. Quizás en algún momento de tu vida recibiste palabras que decían que no calificabas o que no eras lo suficientemente bueno, tal vez te rechazaron o te abandonaron, y hoy convives con el temor a pasar nuevamente por esa experiencia dolorosa. Si esta es tu condición, es de esperar que trates de huir de cualquier oportunidad para crecer dentro del ministerio, avanzar en el área laboral e incluso tus relaciones interpersonales se verán afectadas.

También hay personas que sienten un profundo temor por las cosas espirituales. Apenas se les habla de guerra espiritual, comienzan a temblar. Es de esa manera que se manifiesta el temor a Satanás. Sienten que no tienen la autoridad suficiente para enfrentar al enemigo y tratan de evitar a toda costa cualquier tipo de confrontación. Yo amo encontrar personas que el enemigo ha tenido engañadas gran parte de su vida, porque sé que Dios toma lo que no es para mostrar su gloria y avergonzar a las tinieblas. Puedo decirte que he visto, por el poder del Espíritu Santo, personas que estaban en esta condición y hoy son generales del ejército del cielo, con rostro de león y pies de gacela, diestros en las armas espirituales.

Hay tantas maneras en las que el temor encontrará la forma de manifestarse, como áreas y facetas hay en la vida del ser humano. Debemos tener presente que el temor no forma parte de nuestro ADN original, por lo tanto, es necesario que reconozcamos cuál es su raíz y de dónde viene, para poder recibir libertad total.

La Raíz del Espíritu Temor

¿Alguna vez te has preguntado dónde se originó el temor? En la mente de Dios, nunca estuvo el propósito de que su creación viviera atemorizada, llevando sobre sus hombros un yugo de esclavitud. Sin embargo, el temor entró en la humanidad con la caída del primer hombre. Recordemos lo que hemos aprendido acerca del pecado y retomemos estos pasajes:

> *Y oyeron la voz de Jehová Dios que se paseaba en el huerto, al aire del día; y el hombre y su mujer se escondieron de la presencia de Jehová Dios entre los árboles del huerto. Mas Jehová Dios llamó al hombre, y le dijo: ¿Dónde estás tú? Y él respondió: Oí tu voz en el huerto, y tuve miedo, porque estaba desnudo; y me escondí. Dios le dijo: ¿Quién te enseñó que estabas desnudo? ¿Has comido del árbol del que yo te mandé no comieses? (Génesis 3:8-11)*

Adán y Eva no temían a nada. Caminaban con seguridad en el jardín del Edén, disfrutando de todos los privilegios y bendiciones que Dios les había otorgado. Experimentaban una profunda confianza en sus corazones, nacida de una relación cercana con su creador. Sentían el calor y el amor de un Dios que deseaba mirarlos de cerca, proveyéndoles todo lo necesario para suplir cada necesidad.

Apenas el pecado entró en la humanidad, la primera sensación que apareció en ellos fue la necesidad de escapar y esconderse debido al surgimiento del espíritu de temor. Temor a ser descubiertos, a ser condenados, a recibir un severo castigo y enfrentar consecuencias dolorosas. Desde esa caída, todo ser humano arrastra la tendencia a experimentar temor en algún momento de su vida.

> *En el amor no hay temor, sino que el perfecto amor echa fuera el temor; porque el temor lleva en sí castigo. De donde el que teme, no ha sido perfeccionado en el amor. (1 Juan 4:18)*

Este pasaje ha sido mi llave en tantos momentos donde me vi cercada por este espíritu. La profunda revelación de un Padre celestial que arde de amor por mí me ha liberado una y otra vez de la cárcel del temor.

La Palabra nos muestra que el temor surge a causa de imperfecciones en el amor. Cuando nuestros primeros padres desobedecieron, se quebró esa relación tan especial que Dios tenía con el ser humano, y el amor que antes era perfecto comenzó a llenarse de grietas a causa del pecado, distorsionando el diseño original.

La manifestación del espíritu de temor es una señal de que a alguien no le ha sido revelada enteramente la naturaleza de un Padre de amor. Cada vez que fracturamos nuestra relación con el Señor por el pecado, no solo experimentamos culpa, sino que también comenzamos a alejarnos de sus brazos protectores y dejamos de oír los latidos de su corazón que nos brindan seguridad, confianza y abrigo. Puedo testificar que, en medio de las noches más oscuras de mi vida, escuchar el palpitar del cielo ha sido mi mayor fuente de seguridad. Sé que cuando las tormentas se avecinan y mi mente se llena de pensamientos negativos, o empiezo a sentirme turbada en mis emociones, solo tengo que remontarme a las alturas y dejarme abrigar por los brazos de mi buen Padre para escuchar su corazón que me dice que soy amada con pasión. Mi seguridad no está en los recursos que tengo o en el estado de mi cuenta bancaria, tampoco en cuántas personas me rodean, ni siquiera en la fortaleza de mi cuerpo físico, sino en el amor que se me reveló hace mucho tiempo y que me dijo una y otra vez, "con amor eterno te he amado" (Jer. 31:3).

Cuando experimentamos fisuras en el amor, el temor tiene la oportunidad de comenzar a meterse por los huecos del corazón y echar allí sus raíces.

¿Cómo Entró el Temor a mi Vida?

Puede que en este momento el Espíritu Santo te haga ver que hay áreas donde has estado experimentando los ataques de este espíritu, áreas que han estado cautivas por el enemigo, y tal vez lleves muchos años bajo ese yugo de esclavitud. Hoy, a causa del despertar que estás recibiendo, puede que estés identificando aquellos temores que te atormentaban, pero quizás te preguntes: ¿Cómo fue que este espíritu logró tener autoridad? ¿Cuáles son las grietas por las cuales el temor se abrió paso en mi corazón? ¿Cómo es que tomó tanto terreno?

Si hay algo que aprendí a lo largo de mi vida, es que hacer las preguntas correctas trae las respuestas correctas. Cuando te acercas con confianza y le pides al Espíritu de Dios que venga a revelar aquello que está escondido en lo profundo, Él te guiará a toda verdad y esa verdad es la que trae una libertad genuina a nuestro ser.

En algunos casos, el temor entra en la vida de una persona a causa de lo que sucedió durante la gestación en el vientre materno. Las emociones de quien los cargó en su matriz pudieron afectarse a lo largo de esos nueve meses. La noticia sorpresiva de un embarazo no planeado, el sentir que aún no estaba lista para traer una vida a este mundo, o los repetidos intentos de aborto rompieron ese cerco de amor perfecto para esa nueva vida a causa del rechazo. Los miedos experimentados por la madre durante la gestación, ya sea por situaciones que pusieron en riesgo la vida que se estaba formando o por batallas durante el nacimiento, van quedando impresos en lo profundo del subconsciente y en la configuración del alma de la persona.

He escuchado que algunos profesionales afirman que la personalidad del niño se forma en un 80% en los primeros seis años de vida. Es decir, todas las experiencias que tenga ese pequeño en estos años serán vitales para la conformación de su alma, sus emociones, su estructura de pensamiento y su personalidad. De acuerdo a cómo se forme en esta etapa de la vida, se determinará en gran parte cómo enfrentará los desafíos del mañana y cómo reaccionará ante las diversas situaciones de la vida. Por eso Satanás pone tanto esfuerzo en romper el diseño de familia, ya que las primeras experiencias que tenemos de pequeños están relacionadas con el contexto en donde crecimos, con aquello que vimos y escuchamos. Cada experiencia en esos primeros años va modelando nuestras emociones.

Tal vez tú estás leyendo esto y de repente vienen recuerdos de una infancia que no fue la más feliz. Existen situaciones tan dolorosas que se volvieron traumas, que si no son debidamente tratados por la mano del Espíritu Santo, quedan tan marcados en nuestro ser que, a pesar de los años, seguirán limitando y determinando nuestro accionar. Puede que ya seas una persona adulta, profesional, con una familia formada, pero en tu interior sigues sufriendo los efectos del abandono de un padre, la falta de amor de una madre, el abuso o la violencia, el sentir que no te protegieron lo suficiente, o que no recibiste las palabras de afirmación que todo niño necesita para crecer seguro de sí mismo. Hay personas que caminan con tanta inseguridad y temor en su presente que ya se volvió parte de su personalidad, sin embargo, esos sentimientos pueden conectarse con aquel niño o niña que se escondía debajo de las sábanas cuando sus padres peleaban tan fuerte que buscaba un lugar para sentirse seguro.

Todas estas experiencias traumáticas son capaces de abrirle paso al temor para que se instale en nuestra vida desde los primeros años. La buena noticia es que tenemos un Dios cuyo amor perfecto es capaz de meterse en lo profundo de nuestra alma y restaurar las grietas con ungüento que nos sana desde adentro hacia afuera. Él puede restaurar todas las cosas. Ya no tenemos que caminar quebrados por la vida, porque en Cristo Jesús todas las cosas son hechas nuevas y nuestra alma puede volver a funcionar de acuerdo con la forma original que Dios pensó. Podrás ver tu pasado y recordar sin dolor con la certeza de que aun los momentos más terribles te han traído hasta aquí y serán utilizados para el cumplimiento de tu destino.

Otra de las causas por las cuales el temor entra en nuestras vidas es por los temores heredados de nuestros padres. En nuestros genes llevamos toda la información genética que viene de aquellos que Dios eligió, según el designio de su voluntad, para traernos a existencia. Algunos temores que hoy experimentamos se deben a fuertes sustos o impresiones desagradables que causaron un impacto en nuestros padres y que conformaron parte de nuestro ADN. Por ejemplo, hay familias en donde todas las mujeres tienen fobia a cierto tipo de animal o insecto, o donde algún hombre sufría de depresión y miedo a la muerte. Luego, sus hijos expresaron el mismo temor, y los hijos de sus hijos han tenido tendencia a ataques de pánico o miedo a las enfermedades. Yo conozco a mi Dios, y sé que Él no solo vino a redimirnos del pecado, sino a restaurar todo lo que se había perdido y llevarlo nuevamente a su estado original. Su poder es capaz de meterse hasta los tuétanos, tocar nuestro ADN y enderezar nuestra genética para que todo lo que somos responda a la voz de Aquel que nos formó enteramente.

Quizás el temor entró en tu vida por lo que escucharon tus oídos. Escuchar palabras negativas que brotan de los labios de personas atravesadas por sus propias malas experiencias o temores más profundos también ejerce una influencia espiritual poderosa. Esto es la esencia de la impartición en sí misma. Nosotros, por mucho tiempo, hemos pensado que la impartición se da solamente con la imposición de manos, pero al compartir tiempo o mantener una conversación común, estamos siendo impartidos, y esto nos puede afectar de manera positiva o muy negativa. "No estudies esa carrera, porque es demasiado difícil. Conozco muchas personas que la dejaron a mitad de camino porque no pudieron con tanta exigencia, y probablemente estés perdiendo el tiempo en eso". "Todos los hombres son iguales; si te casas, terminarás sufriendo porque, a la larga, siempre te engañarán, como lo hicieron conmigo". "Ten cuidado de invertir demasiado dinero en esos negocios; yo me fui a la quiebra muchas veces porque me arriesgué demasiado, toma mi consejo."

¿Cuántas oportunidades perdemos porque esas palabras han quedado alojadas en lo profundo de nuestra mente y echaron raíces profundas? A través de esto, podrás entender el poder que tienen las palabras en el mundo espiritual, y sobre todo en nosotros. Una palabra que viene de la boca de Dios tiene la capacidad de liberarte, activarte y traer un despertar a tu espíritu. Te saca del estancamiento y provoca un aceleramiento, un agitar de las aguas profundas en tu interior que estaban quietas. Sin embargo, una palabra negativa que va en contra de lo que Dios quiere hacer en ti es capaz de mantenerte atado y limitado durante años.

En la Palabra encontramos numerosos ejemplos de cómo las palabras pueden ser un medio para soltar un espíritu de temor. El pueblo de Israel tuvo que atravesar numerosas batallas a lo largo de su recorrido. Cada vez que vemos la historia de esta nación, notamos que está marcada por batallas cuerpo a cuerpo, combates numerosos, grandes hazañas y estrategias militares. Hubo muchos momentos en los que se sintieron atemorizados al ver las circunstancias, porque en todas las oportunidades Dios los ponía frente a desafíos que a los ojos naturales eran imposibles, para demostrar que la victoria venía por su mano.

Uno de los pueblos con los que siempre estuvieron en conflicto fue el pueblo filisteo. En cierta ocasión, se enfrentaron a un gigante llamado Goliat, de Gat, descendiente de Anac, que turbó el corazón del pueblo de Israel por más de cuarenta días a través de las palabras de intimidación que hablaba sobre ellos:

> *Y se paró y dio voces a los escuadrones de Israel, diciéndoles: ¿Para qué os habéis puesto en orden de batalla? ¿No soy yo el filisteo, y vosotros los siervos de Saúl? Escoged de entre vosotros un hombre que venga contra mí. Si él pudiere pelear conmigo, y me venciere, nosotros seremos vuestros siervos; y si yo pudiere más que él, y lo venciere, vosotros seréis nuestros siervos y nos serviréis. Y añadió el filisteo: Hoy yo he desafiado al campamento de Israel; dadme un hombre que pelee conmigo. Oyendo Saúl y todo Israel estas palabras del filisteo, se turbaron y tuvieron gran miedo. (1 Samuel 17:8-11)*

Tanto temor había en el pueblo de Dios, que ninguno quiso enfrentar a este gigante. No era el tamaño de su enemigo lo que les causaba tanto espanto, sino el haber sido expuestos mañana y tarde a esas palabras que los paralizaron. Parecía que habían olvidado todas las maravillas que Dios había hecho en el pasado, cómo los liberó de tantos enemigos, y no tenían la capacidad de creer que el Señor lo haría otra vez. Su fe estaba agonizando, no había esperanza, solo terror y oprobio, hasta que se levantó un muchachito de entre el pueblo con un espíritu diferente, cargado de una fe violenta que enfrentó a este incircunciso con una osadía que pocas veces se ha visto en la historia.

> *Entonces dijo David al filisteo: Tú vienes a mí con espada y lanza y jabalina; más yo vengo a ti en el nombre de Jehová de los ejércitos, el Dios de los escuadrones de Israel, a quien tú has provocado. Jehová te entregará hoy en mi mano, y yo te venceré, y te cortaré la cabeza, y daré hoy los cuerpos de los filisteos a las aves del cielo y a las bestias de la tierra; y toda la tierra sabrá que hay Dios en Israel. Y sabrá toda esta congregación que Jehová no salva con espada y con lanza; porque de Jehová es la batalla, y él os entregará en nuestras manos. (1 Samuel 17:45-47)*

Amo estas palabras de David, tan violentas y poderosas. Yo digo que este jovencito no ganó la batalla cuando le cortó la cabeza al gigante, sino que ya tenía la victoria en sus manos al momento de lanzar este decreto tan tremendo. Ese es el espíritu de poder, ese es el *dunamis* que habita dentro de nosotros que nos hace enfrentar cualquier desafío por más grande que parezca. Puede que tú lleves todas las de perder, que aparentemente no tengas ninguna posibilidad en el plano natural, pero cuando logras sacudirte del espíritu de temor y empiezas a creer en el Dios de lo imposible, no habrá gigante que pueda hacerte frente en todos los días de tu vida.

El Señor avergonzó a los poderosos, desbarató ejércitos enteros, despedazó el arco y la lanza de sus enemigos y quemó los carros de fuego. ¡Qué Dios tan maravilloso! ¡Él es Jehová Tsebaoth! ¡Dios de los ejércitos es su nombre! Ese es tu Dios y mi Dios, el que adiestra nuestras manos para la guerra y nuestros dedos para la batalla.

Imagino el murmullo del campamento en ese momento; la Biblia no lo relata, pero seguramente muchos se habrán acercado a David para hacerle saber su opinión. "No podrás vencer a este gigante, no tienes experiencia ni habilidad con las armas", "es mejor que medites bien la decisión que estás tomando, no es sabio ir a pelear sin haber sido entrenado", "los más fuertes del ejército consideran que es una mala idea hacerlo, no es necesario arriesgar tu vida de esta manera". ¿Te imaginas qué hubiera sucedido si este jovencito se hubiera dejado influenciar por palabras así? Probablemente hubiera escapado a la casa de su padre, y sabemos que este acontecimiento fue una puerta de oportunidad para desatar el destino profético en la vida de David. ¿Cuántas puertas más vas a dejar que se cierren por el espíritu de temor? ¿Cuánto tiempo vas a seguir retrasando el destino profético porque no te sientes lo suficientemente capaz o valiente?

¡Declaro hoy que toda palabra negativa que fue lanzada sobre ti, todo lo que entró por tus oídos y es contrario a lo que el cielo está hablando sobre tu vida, cae por tierra en el nombre de Jesús! Tu sentido de audición es limpiado por la sangre de Cristo y comenzarás a escuchar las palabras que salen de la boca del Padre, porque oír su voz provoca una fe violenta que te hace avanzar, te hace arrebatar las bendiciones del reino de los cielos y te permite poseer las puertas de la oportunidad.

> *Así que la fe es por el oír, y el oír, por la palabra de Dios. (Romanos 10:17)*

La fe es precisamente una de las antítesis del temor. Cada vez que dejas de ver tu futuro a través de los ojos de la fe y comienzas a mirarlo según la perspectiva de este mundo, le abres la puerta al espíritu de temor. Cuando quitas tu mirada del autor y consumador de tu fe, de Aquel que te dio grandísimas y poderosas promesas, de ese Cristo Jesús que está comprometido con tu destino de principio a fin, y comienzas a ver a través del lente de la duda, pierdes la confianza y la seguridad. Dejas de creer en las palabras que un día recibiste y terminas olvidando que hay un libro en el cielo que tiene escrito tu nombre, donde se habló bien de ti, donde dice que eres amado, que tu futuro es próspero, que todas las cosas que tengas que atravesar te ayudarán a bien, que hay buenas obras las cuales Dios preparó de antemano para que camines en ellas.

Si permites que la duda y la incredulidad toquen a la puerta de tus pensamientos, tarde o temprano el espíritu de temor hará su aparición.

Bloqueador de tu Destino Profético

Uno de los grandes objetivos del espíritu de temor es bloquear tu potencial en Dios, impidiendo que fluyas en los dones y talentos que el Padre te ha dado. Conozco a personas con talentos preciosos que, tristemente, los entierran y nunca los dejan salir debido a este temor. El miedo al rechazo, al fracaso y la sensación de incapacidad para servir a Dios y ser una bendición en sus iglesias locales hace que los dones del Espíritu se adormezcan y permanezcan inactivos durante años, hasta que reciben un despertar y redescubren lo que parecía perdido. Muchos se sorprenden al recordar lo que Dios les había entregado.

Jesús habló a sus discípulos sobre la importancia de ser diligentes con las cosas que se nos confían y la responsabilidad de multiplicar lo que recibimos de parte de Dios por gracia. En la parábola de los talentos, Jesús muestra que el reino de los cielos es semejante a un hombre que entrega sus bienes a sus siervos antes de irse lejos por un tiempo. Algunos recibieron cinco talentos, otros tres, y uno recibió solo un talento. Al final del día, todos tenían algo en sus manos que debían cuidar y multiplicar. El hombre se va por un tiempo, pero regresa para pedir cuentas a sus siervos sobre cómo habían manejado lo que recibieron. Uno tras otro, entregaron los talentos multiplicados, lo que llenó de gozo al hombre al ver su responsabilidad. Sin embargo, no todos procedieron de la misma manera:

> *Pero llegando también el que había recibido un talento, dijo: Señor, te conocía que eres hombre duro, que siegas donde no sembraste y recoges donde no esparciste; por lo cual tuve miedo, y fui y escondí tu talento en la tierra; aquí tienes lo que es tuyo. (Mateo 25:24-25)*

Cuando luchas con el espíritu de temor, siempre encuentras excusas para justificar lo que estás dejando morir. "Es que siento que no es el tiempo para comenzar a predicar la Palabra, todavía me falta crecer", "no me siento capacitada para interceder, eso es para gente más valiente", "no puedo hacerme cargo de personas, no tengo habilidad para eso". He escuchado cientos de veces estas palabras de personas en quienes veo, por el Espíritu, un gran potencial. Sé que muy dentro de ellas están batallando con un espíritu de temor que las limita. Respeto su decisión porque servimos a Dios por el amor que hay en nosotros y no por obligación; Dios es un Padre, no un jefe. Pero, si tu cobertura espiritual, quien te está formando y conoce tu caminar, te dice que es tiempo de avanzar, es porque ve el oro que hay dentro de ti.

Amados, sé que el día que nos encontremos cara a cara con el Señor, tendremos que responder por lo que Él nos confió en esta tierra. Nuestros dones no nos pertenecen, nuestros talentos no son nuestros, porque la Escritura dice que todo don perfecto viene del Padre de las luces, en quien no hay variación ni sombra de cambio. Todo es de Él y para Él, y todo lo que recibimos deberá regresar a sus manos en ese día perfecto. Cuando digo que no hay mayor gozo que hacer aquello para lo que fuimos creados, me conecto con ese momento en el que escucharemos de la boca de nuestro Señor: "Buen siervo fiel, lo has hecho bien. Cumpliste con el destino que estaba escrito para tu vida, diste en el blanco. En lo poco me demostraste tu amor y fidelidad, y ahora yo te pondré sobre lo mucho. Entra en mi gozo". Mi corazón se conmueve, ¿puedes ver lo profundo que es esto?

Satanás busca anular todo el potencial que Dios puso dentro de ti a través del espíritu de temor. Él quiere que entierres lo que recibiste y te conformes con una vida cristiana plana, donde recibes la salvación, pero no puedes disfrutar enteramente de los beneficios de la cruz, viviendo con una frustración interna, porque no alcanzas los sueños que hay en tu corazón. Él quiere que te sientas estéril, que veas cómo todos los demás avanzan mientras tú te quedas estancado en el mismo lugar. Quiere que ignores tu potencial, vivas sin saber tu destino, y si ya lo sabes, que no llegues a cumplirlo enteramente. Quien está batallando con este espíritu también lucha con su destino profético porque siente que no puede ser un vaso de honra.

No hay duda de que el temor puede convertirse en uno de los mayores obstáculos para que un hijo de Dios cumpla con su destino profético. Este espíritu buscará alejarte del diseño original y anular lo que está escrito en el libro del cielo.

Quiero hablar ahora sobre un hombre cuya vida me ha dejado muchas enseñanzas: Gedeón. Él es el ejemplo perfecto de alguien que vivía con tanto temor que ya se había vuelto parte de su personalidad, pero Dios lo redefinió según su forma original y lo conectó con su destino profético. El pueblo de Israel vivía en un ciclo de destrucción: pecaban, ofendían a Dios, y Él los entregaba a sus enemigos para que volvieran en sí. A causa de la opresión, el pueblo se arrepentía, el Señor trataba con sus corazones, los perdonaba y los liberaba, hasta que repetían su conducta.

> *Los hijos de Israel hicieron lo malo ante los ojos de Jehová; y Jehová los entregó en mano de Madián por siete años. Y la mano de Madián prevaleció contra Israel. Y los hijos de Israel, por causa de los madianitas, se hicieron cuevas en los montes, y cavernas, y lugares fortificados. (Jueces 6:1-2)*

Dios entregó a su pueblo en manos de Madián por la terquedad y prostitución de sus corazones. Pero en el llamado de Gedeón, vemos que Dios es lento para la ira y grande en misericordia, y no se deleita en el padecimiento de sus hijos; se goza en hacerles bien. El destino profético de Gedeón era convertirse en el libertador de ese momento, en el líder y estratega militar que condujera a Israel a la victoria. Sin embargo, antes de enviar un libertador, Dios siempre enviará a un profeta para tratar con el corazón de su pueblo.

> *Y vino el ángel de Jehová, y se sentó debajo de la encina que está en Ofra, la cual era de Joás abiezerita; y su hijo Gedeón estaba sacudiendo el trigo en el lagar, para esconderlo de los madianitas. Y el ángel de Jehová se le apareció, y le dijo: Jehová está contigo, varón esforzado y valiente. Y Gedeón le respondió: Ah, señor mío, si Jehová está con nosotros, ¿por qué nos ha sobrevenido todo esto? ¿Y dónde están todas sus maravillas, que nuestros padres nos han contado, diciendo: ¿No nos sacó Jehová de Egipto? Y ahora Jehová nos ha desamparado, y nos ha entregado en mano de los madianitas. (Jueces 6:11-13)*

Gedeón estaba trabajando en un lugar escondido por temor a los madianitas, quienes robaban sus cosechas, alimento y bienes. Pero en ese lugar, donde nadie más podía verlo, Dios sí lo vio. El Señor no lo llamó por su condición actual, sino que le dijo: "Eres esforzado y valiente". Probablemente, Gedeón no se sentía así, pero la palabra profética no depende de cómo te sientas o te veas a ti mismo, sino de cómo eres definido por Aquel que te vio antes de nacer y te formó con sus manos. Esas palabras debieron haber bastado para sacar a Gedeón de su sitio espiritual a una libertad plena para caminar en su destino, pero como veremos, el Señor tuvo que afirmarlo una y otra vez en su identidad para que el temor fuera confrontado y eliminado.

La respuesta de Gedeón estaba cargada de queja e incredulidad porque sus ojos estaban puestos en la realidad presente, en la situación actual del pueblo y en el oprobio que sufrían. Él no podía ver más allá. ¿Alguna vez has recibido una palabra profética y no sentiste gozo en tu corazón, sino que te llenaste de pretextos y preguntas para con Dios? Empiezas a argumentar y exponer tu situación, y por esta razón, muchos reciben la misma palabra en repetidas oportunidades. No es que Dios no tenga nada nuevo para decirte, sino que Él debe afirmar su palabra en ti porque no eres capaz de creerla o recibirla debido a las cosas que te bloquean. Algunas personas se frustran en los tiempos de presbiterios o tratan de evadir a los profetas porque reciben la misma palabra una y otra vez, sin darse cuenta de que Dios quiere seguir afirmándolos.

> *Y mirándole Jehová, le dijo: Ve con esta tu fuerza, y salvarás a Israel de la mano de los madianitas. ¿No te envío yo? Entonces le respondió: Ah, señor mío, ¿con qué salvaré yo a Israel? He aquí que mi familia es pobre en Manasés, y yo el menor en la casa de mi padre*

Al igual que Gedeón, cuando estás bajo la influencia del espíritu de temor, comienzas a moverte con un lenguaje contrario a la fe, un lenguaje negativo lleno de imposibilidades que nace de una mente racional. Dios puede estar llamándote, pero te fijas en lo que no tienes, en lo que careces, en tu debilidad, en tu pasado, y te llenas de excusas para no asumir el reto porque te parece demasiado grande.

> *Jehová le dijo: Ciertamente yo estaré contigo, y derrotarás a los madianitas como a un solo hombre. Y él respondió: Yo te ruego que, si he hallado gracia delante de ti, me des señal de que tú has hablado conmigo. (Jueces 6:16-17)*

En los siguientes pasajes, vemos a Gedeón pidiendo señal tras señal para confirmar las palabras que había recibido, y Dios, en su gran misericordia, responde para seguir afirmándolo. No estoy en desacuerdo con pedir al Espíritu Santo que nos confirme y nos dé testimonio de lo que recibimos; de hecho, es bueno probar por el Espíritu todas las cosas. Pero cuando pedimos señales tras señales por inseguridad y temor, es algo completamente diferente. Hay personas que tienen palabra, que han recibido confirmación del Espíritu Santo, pero debido al temor que sienten, siguen en la banca esperando una nueva señal porque no se atreven a caminar en fe por esa palabra. No se atreven a tomar con valentía lo que Dios les quiere dar, no son capaces de entrar por la puerta de una nueva temporada y vivir todo lo que el cielo preparó para esta hora. Tal vez parecen muy espirituales buscando confirmaciones y más palabras proféticas, pero realmente no pueden darse cuenta de que esa reacción es fruto de un espíritu de temor.

Sé que a causa de la impartición de la palabra, los velos de muchos se están rompiendo y paradigmas en las mentes se están quebrantando. Tendrás una mirada diferente, y estoy segura de que el Espíritu Santo te ayudará a identificar al espíritu de temor que estuvo engañándote, ocultándose detrás de pensamientos y reacciones que parecían inofensivas, para que puedas tener libertad total.

> *Aconteció que la misma noche le dijo Jehová: Toma un toro del hato de tu padre, el segundo toro de siete años, y derriba el altar de Baal que tu padre tiene, y corta también la imagen de Asera que está junto a él;* [26] *y edifica altar a Jehová tu Dios en la cumbre*

> *de este peñasco en lugar conveniente; y tomando el segundo toro, sacrifícalo en holocausto con la madera de la imagen de Asera que habrás cortado. Entonces Gedeón tomó diez hombres de sus siervos, e hizo como Jehová le dijo. Mas temiendo hacerlo de día, por la familia de su padre y por los hombres de la ciudad, lo hizo de noche.*
> (Jueces 6:25-27)

En este punto, Gedeón comienza a creer en las palabras y se vuelve confiable. Cuando el Señor te pide algo, es porque te has vuelto confiable para Él. Dios pide un altar y también pide la destrucción de los ídolos con los que Israel se había prostituido.

Baal y Asera representaban la fertilidad, los buenos frutos y la cosecha. Si tienes la oportunidad de visitar Israel, entenderás por qué este pueblo se inclinaba hacia este tipo de deidades. La tierra de Israel es bastante árida, y de los doce meses del año, solo dos reciben la lluvia necesaria para sus plantaciones. Hay años en los que no cae ni una sola gota de agua. El pueblo temía a la pobreza, a la esterilidad y a la escasez, y por eso volvían su corazón a dioses de la fertilidad. Hay un principio importante en esto: el temor siempre estará ligado a la idolatría.

Dime qué temes, y te diré cuáles son los ídolos de tu corazón. Si temes a la pobreza y la escasez, tu ídolo será el dinero. Si temes a la soledad, te rodearás de cualquier tipo de compañía, sin importar si te bendicen o no, y tu ídolo será la aprobación pública.

Dios pide un altar y pide romper con los ídolos, en otras palabras, le pide a Gedeón confrontar los temores de su propio corazón, los temores de su familia y los temores de una nación. ¿Cuáles son los temores que sientes que debes confrontar? ¿Cuáles son aquellas áreas que debes golpear con fuerza y ordenar al temor que las suelte en el nombre de Jesús?

Más adelante, vemos que a través de la adoración genuina, Gedeón logra vencer este espíritu y se transforma en aquello que Dios dijo que era: un guerrero valiente, un libertador y un líder militar. Logró despertar el corazón de un pueblo apocado y turbado, darles una nueva esperanza y traer una gran victoria.

La Adoración es el Antídoto del Temor

La adoración es la medicina capaz de contrarrestar los efectos del espíritu de temor. Permíteme mostrarte esto a través de la vida de un hombre que vivió muchas dificultades para llegar al cumplimiento de las palabras proféticas.

> *Aunque un ejército acampe contra mí,*
> *No temerá mi corazón;*
> *Aunque contra mí se levante guerra,*
> *Yo estaré confiado.*
> *Una cosa he demandado a Jehová, esta buscaré;*
> *Que esté yo en la casa de Jehová todos los días de mi vida,*
> *Para contemplar la hermosura de Jehová, y para inquirir en su templo. (Salmos 27:3-4)*

La vida de David ha sido una sucesión de desafíos. A lo largo de los salmos que escribió, podemos ver cómo desnuda su alma y nos muestra su dolor. Al igual que nosotros, él también atravesó momentos de prueba y batalla. Saber esto nos trae un abundante consuelo.

Este hombre, nacido en la intimidad y en la profunda búsqueda de la presencia de Dios, encontró una llave maestra contra el espíritu de temor llamada adoración. En los momentos de mayor guerra, David sabía que contemplar la hermosura del Señor y pasar horas inquiriendo en su presencia mantenían su corazón enfocado para no desmayar.

Perseguido por el rey Saúl, caminando errante de cueva en cueva, experimentó momentos en los que el terror parecía apoderarse de él. Su alma se refugiaba bajo las alas del Todopoderoso, y ahí permanecía escondido. Él estaba continuamente conectado a la fuente de vida. ¿A qué te conectas en los días difíciles? ¿Hace cuánto que dejaste de adorarle para contemplar los vientos tempestuosos?

En los días de prueba, en los días grises y oscuros, en esos días en los que tienes que tomar decisiones y sientes que la tormenta arrecia en tu contra, escóndete en la presencia del Señor. Pasa horas inquiriendo, horas contemplando cuán hermoso es Él. Tal vez no puedas decir una sola palabra ante tanta belleza y majestad. He descubierto que mientras más contemplo la gloria del Señor, más me conecto con lo que está en su mente y comienzo a comprender lo que Él está hablando para mi vida en ese preciso momento. Cuando el enemigo se levante en tu contra y estés en medio de la guerra, corre a su santo templo y adórale. Él te ocultará en lo reservado de su morada, te esconderá en su tabernáculo en el día malo, te pondrá sobre una roca en lo alto. Tus enemigos te buscarán y no te hallarán. Aunque escuches el rugido del león tan cerca de ti, debes saber que no puede tocarte porque estás bajo las alas del Todopoderoso. Atrévete a levantar tu adoración en el momento más terrible de tu vida y sentirás cómo los aires comienzan a cambiar a tu favor.

Libertad en Cristo Jesús

Si has estado mucho tiempo en la cárcel del temor, debes saber que hay un camino de libertad glorioso que el Padre quiere manifestar sobre tu vida. Es posible vencer a este enemigo y vivir una vida plena en Cristo Jesús.

Una de las marcas fundamentales de aquellos que han vencido el temor es una revelación profunda del amor del Padre. La Palabra nos dice que todo aquel que busca puede hallar, y aquel que pide, debe abrir sus manos porque es seguro que recibirá. Pide al Espíritu Santo un bautismo de amor.

> *Para que os dé, conforme a las riquezas de su gloria, el ser fortalecidos con poder en el hombre interior por su Espíritu; para que habite Cristo por la fe en vuestros corazones, a fin de que, arraigados y cimentados en amor, seáis plenamente capaces de comprender con*

> *todos los santos cuál sea la anchura, la longitud, la profundidad*
> *y la altura, y de conocer el amor de Cristo, que excede a todo*
> *conocimiento, para que seáis llenos de toda la plenitud de Dios.*
> *(Efesios 3: 16-19)*

Amo este pasaje de Pablo hablando a los Efesios, porque puedo notar la pasión que lo atraviesa al decir estas palabras. Él está hablando acerca del amor de Dios materializado y expresado a través de Jesucristo.

Hay un fuego impetuoso que nos consume a todos aquellos a quienes se nos ha revelado el amor de Dios de una manera tan profunda que no sabemos cómo explicarlo. Es como si sintieras ese fuego dentro de ti y buscas impartirlo a todo aquel que encuentras en el camino. Clamo al Dios viviente para que abra los ojos de tu entendimiento y traiga una revelación tan profunda que nunca más seas la misma persona. Que seas capaz de comprender que Dios está en ti y tú en Él. Eres amado, eres amada, y la cruz del Calvario es la demostración tangible de ese amor perfecto. El Padre envió a su Hijo a la tierra para tener una relación cercana contigo, para que ya no camines con condenación, sino que te presentes delante de Él con plena confianza. Dios anhela tenerte cerca.

Algo que debemos entender es que el amor de Dios no es una teoría, sino una experiencia real que debemos vivir cada día. Puedes entender con tu mente que el Padre te ama, pero si ese conocimiento no ha bajado a tu corazón en forma de una revelación espiritual, seguirás caminando de la misma manera, porque no es el conocimiento teórico lo que transforma una vida, sino el poder del Espíritu Santo a través de experiencias gloriosas con su persona. El conocimiento de la verdad es la base sobre la cual se sustenta la revelación para fluir en nosotros, pero si nos quedamos solo con el saber intelectual, nos estamos perdiendo la mejor parte.

Cuando recibes un bautismo de amor, comienzas a vivir una vida real. Puedes ver a tu alrededor y darte cuenta de que, aunque pasaste por desiertos y valles, el Padre nunca te ha soltado la mano. Su presencia ha estado en cada momento de dolor, en cada prueba, en cada dificultad; aun cuando no eras capaz de sentirlo, Él estaba allí.

Cuando los niños pequeños experimentan miedo por las noches, van corriendo a la cama de sus padres para sentir el calor y la seguridad. Recuerdo que mis hijos en las noches buscaban refugio en nosotros cuando sentían temor, y aun de grandes, cada vez que experimentan dificultades, saben que nuestros brazos están abiertos para acompañarlos y guardarlos. Así mismo sucede con los brazos de nuestro Padre celestial. Cuando sientes que el temor está tocando la puerta de tu corazón, cuando los vientos impetuosos se levantan y parece que el cielo se pone oscuro, puedes correr hacia el único capaz de brindarte seguridad y confianza. Él no ha perdido el control de tu vida, Él sigue sentado en su trono y gobierna con poder. No le toma por sorpresa tu crisis financiera, no lo desconcierta el diagnóstico que recibiste, no se desespera por las malas noticias, sino que de la misma manera que sostiene el universo entero con su palabra, te sigue sosteniendo a ti.

Puede que muchas veces no sientas nada, no puedas ver ninguna señal de su presencia o escuchar su voz que te aquieta, y te parecerá que te encuentras en soledad, pero en ese momento debes seguir creyendo. Sabemos que el sol seguirá saliendo mañana, aunque hoy no podamos verlo porque el cielo está cubierto de nubes. De igual manera, debes creer que Dios seguirá amándote en los momentos de adversidad. Este es un signo de madurez en nuestro caminar, seguir creyendo aunque no veamos nada.

A medida que tienes mayor revelación del amor de Dios, serás capaz de manifestarlo en mayores dimensiones. Cuando logras esto, puedes desarrollar una cultura de amor que afecta toda tu manera de vivir. Entonces comenzarás a dar, a honrar y a bendecir cada vida y cada ambiente que te rodea. Sumérgete en las profundidades del amor de Dios y verás cómo el temor pierde autoridad en tu vida.

La mayoría de los temores desaparecerán cuando crezca la confianza en la fidelidad y el poder de Dios, pero algunos no se irán a pesar de la fe que tengas porque aún hay heridas que deben ser sanadas por la intervención del Espíritu

Santo. Tal vez sean imágenes, recuerdos, situaciones dolorosas o traumas. Los tiempos de liberación y sanidad del alma son vitales para que podamos avanzar en nuestro destino profético, sin yugos que nos retengan. Muchas veces estamos tan ocupados ejerciendo la obra del ministerio o tan enfocados en otros asuntos que no nos damos la oportunidad de sentarnos a los pies de nuestro amado Señor y abrir todo nuestro corazón para que sea examinado. Luego aparecen las reacciones inesperadas, las emociones que no comprendemos a totalidad, y brotan actitudes que no sabemos de qué forma comenzaron a salir. Dios permite que detectemos estas señales no para que nos invada la frustración, sino para que podamos reconocer que el Espíritu Santo todavía está trabajando en nuestra vida.

El temor más destructivo es aquel cuya procedencia desconoces, que no sabes qué raíz lo sustenta. Por eso, debes ser intencional al pedir al Señor que te revele esas raíces para cortar el temor definitivamente. Pedir por revelación es una oración osada y valiente; confrontará tu corazón pero también será una llave poderosa para alcanzar la libertad y la sanidad que Dios desea darte. La única forma de hacer desaparecer un temor es enfrentándolo, declarándole la guerra, quitándole autoridad y cerrándole las puertas de tu alma para siempre.

Cuando puedas identificar de dónde surgen los temores en tu vida, llénate de valentía, enfréntalos, renuncia y declara la palabra sobre todo lo que hayas detectado. Cada vez que te levantes para renunciar al temor y declarar que no te pertenece, estás revocando el derecho legal de Satanás para seguir atormentándote. Existe un poder sobrenatural que se desata cada vez que confiesas con tu boca la Palabra de Dios. Estoy segura de que si fuéramos conscientes de lo que sucede en la atmósfera espiritual cuando proclamamos las verdades de la Escritura, nunca más permaneceríamos en silencio. "Con el corazón se cree para justicia, pero con la boca se confiesa para salvación" (Rom. 10:10), por lo que no podemos quedarnos callados ante los argumentos del adversario.

He experimentado esta verdad una y otra vez en mi vida, en tiempos de adversidad, cuando escuchaba a los carros del enemigo rodeándome y parecía que todo había terminado. Surgía dentro de mí una fuerza sobrehumana que me hacía alzar la voz, aunque sentía que me faltaba el aliento. Si la Palabra de Dios no hubiese sido mi consuelo, en mi aflicción habría perecido, me habría desmayado y me habría dejado morir en los lazos de la desesperación.

¡Declaro que toda mudez espiritual se rompe en el nombre de Jesús! Todo lo que te mantenía en silencio, el estado de sitio espiritual que no te permitía alzar la voz, se quiebra por el poder del Espíritu Santo. Tu lengua empieza a desatarse y de tus labios brotan palabras como saetas encendidas capaces de confundir y avergonzar a tus enemigos. Pido al Espíritu de Dios que te asista en los momentos difíciles y te recuerde las verdades de su Palabra, para que camines en ellas y encuentres alimento que fortalezca tus huesos y medicina para tu alma.

A menudo esperamos actuar cuando ya no haya temor, pero Dios es especialista en hacernos avanzar en medio de nuestros enemigos para que huyan de nuestra vida, y podamos enfrentarlos en el nombre de Jesús. He visto al Señor tomarme en sus manos y lanzarme con fuerza, como quien proyecta una flecha hacia todo aquello que temía. En muchas ocasiones intenté convencerlo con mis argumentos: "Señor, no es tiempo aún", "aún no se dan las circunstancias para lo que me estás pidiendo", "esperaré el momento oportuno". Pero como un Padre que se deleita viendo a su hija enfrentar desafíos, Él me empuja hacia aguas desconocidas mientras escucho su voz decirme: "Puedes hacerlo, porque yo estoy contigo".

Amo cuando mi Padre me posiciona frente a retos de fe y me coloca cara a cara con mis temores, porque compruebo que su poder es real y fluye dentro de mí para realizar hazañas, conquistas tremendas y victorias que nunca imaginé. Tengo la certeza de que algo poderoso está sucediendo en lo profundo de tu ser. El Espíritu Santo está operando una transformación poderosa y cosas asombrosas sucederán en los próximos días, porque viene del cielo una fuerte revelación.

Decreto Contra el Temor

Quiero tomar estos momentos para establecer un decreto basado en promesas que encontramos en la Escritura, donde Dios mismo alienta tu corazón para que no temas. Levantar un decreto es como plantar un estandarte de victoria en el mundo espiritual, donde demarcamos límites al enemigo y contrarrestamos todas aquellas palabras que el Seol ha hablado en su cámara más secreta.

Todo en el universo se sustenta por la palabra que sale de la boca de Dios, y aquí comenzaremos a declarar las verdades de la Escritura, tal como Jesús lo hacía cuando declaraba: "Escrito está". Te invito a que leas estas palabras en voz alta, con plena convicción de fe. No estás pronunciando un conjuro mágico ni un simple deseo; estás proclamando la verdad de la Palabra de Dios, que tiene vida y poder para hacer mucho más de lo que pides o entiendes con tu mente racional. Cada vez que el temor toque a tu puerta, puedes recurrir a este libro y encontrar estas declaraciones que te servirán como modelo para aprender a usar la espada del Espíritu en cualquier batalla que enfrentes. Estoy segura de que, a medida que avances y tu fe crezca, el Espíritu Santo traerá más porciones de la Escritura que serán armas de alto impacto.

Permíteme hacer la siguiente declaración a favor de tu vida:

Dios te dice en su Palabra que no temas porque Él está contigo, no te angusties porque Él es tu Dios. Decretamos que Él te fortalece, te ayuda y te sostiene con su diestra victoriosa.

En los días de miedo y desasosiego, deposita tu confianza en el Todopoderoso. Decretamos que eres fuerte y valiente, que no te desanimas porque el Señor tu Dios estará contigo dondequiera que vayas. Por más oscuro que sea el camino y por más incierto que sea el valle por el que camines, no temas, porque Él irá delante de ti.

"Torre fuerte es el nombre de Jehová, y a Él correrá el justo para ser levantado". En los momentos en que el temor quiera acecharte, corre a la presencia de Dios, porque Él es esa torre fuerte; su nombre es la fortaleza más segura. Los justos y los que creen en su palabra corremos hacia Él y somos levantados.

Declaro que los ríos del Espíritu Santo están fluyendo para quebrantar todo miedo y todo desánimo, porque Dios es quien te acompaña. No importa si no lo ves, no importa si no sientes nada; caminarás por lo que la Palabra dice.

Declaro que tu corazón no se inquietará por nada. En toda ocasión, con oración y ruego, presentarás tus peticiones a Dios, y con gratitud recibirás la paz que sobrepasa todo entendimiento, capaz de guardar tus pensamientos en Cristo Jesús. Si permaneces firme en oración, ruego, fe y confianza, la paz que no se ajusta a las circunstancias te guardará de todo dardo de temor. Hoy mismo decretamos que Dios cuida tu corazón y que tus pensamientos están impregnados de la verdad de Jesucristo.

"No temas porque Él es el Señor tu Dios, quien sostiene tu mano derecha y te dice: 'No temas, yo te ayudaré'". El Señor está contigo, no tengas miedo. "¿Qué te pueden hacer los simples mortales?" Busca al Señor, Él te responderá y te librará de todos tus temores.

Hoy decretamos que el Señor mismo marcha delante de ti y estará contigo. Nunca te dejará, nunca te abandonará. Por lo tanto, no temas ni te desanimes. No te angusties, confía en el Señor y en su Palabra, porque está escrito que no hemos recibido un espíritu que nos esclavice al temor, sino que tenemos el Espíritu que nos adopta como hijos, por el cual clamamos: ¡Abba, Padre! En el nombre de Jesús, declaramos que ese Espíritu que da testimonio de que eres hijo o hija te trae un despertar, para que puedas abrir tu boca y declarar que no recoges migajas en la mesa del Rey, sino que te sientas a la mesa del Padre y comes de lo mejor de su banquete.

Él te libra de todo temor, porque no se venden dos gorriones por una monedita, y ni uno de ellos caerá a tierra sin que lo permita el Padre. Tu vida vale más que muchos gorriones. Puedes decir con toda confianza que Él es tu Señor que te ayuda, por lo tanto, no temerás.

Declaro que no temerás porque Él es tu refugio, te guardará de la angustia y te rodeará con cantos de liberación. No temas a la tormenta porque tu Dios es un muro de defensa para tu vida. Él es tu amparo y fortaleza, tu ayuda en tiempos de angustia.

Decretamos que ninguna arma forjada en tu contra prosperará, y condenamos toda lengua que se levante contra nuestras vidas en juicio, porque esta es la herencia de los siervos de Jehová. Su salvación vendrá sobre ti, porque así lo ha dicho el Señor. Su bondad te hará prosperar, porque Él es quien allana tu camino y fortalece tus pasos.

Decretamos que el que habita al abrigo del Altísimo morará bajo la sombra del Omnipotente. Podrás decirle al Señor: "Tú eres mi esperanza y mi fortaleza, mi Dios en quien confío". No habrá temor, porque Él te librará del lazo del cazador y de la peste destructora.

"Aunque andes en valle de sombra de muerte, no temerás mal alguno, porque Él estará contigo; su vara y su cayado te infundirán aliento". En el amor perfecto no existe el temor. El amor de Dios echa fuera todo temor, y ese amor se manifiesta sobre tu vida. La manifestación del Dios Abba, del Dios Padre, rompe toda prisión de temor y, por el Espíritu Santo, tienes la convicción de que eres hijo o hija, y puedes vivir en ese perfecto amor.

Declaramos todo esto en el nombre de Jesús. Amén.

11

IRRUMPE EN TU DESTINO PROFÉTICO

Mi más profundo deseo es que tu vida no sea la misma después de haberte expuesto al contenido de estas páginas. Hay algo extraordinario que sucede cuando escuchamos la voz que truena desde los cielos, llamándonos por nuestro nombre y hablándonos cosas que ojo no vio ni oído escuchó, maravillas que nuestra mente humana nunca concibió, esos misterios que están en lo profundo del corazón del Padre.

A medida que nos conectamos con aquellos pensamientos de bien que Dios creó para nosotros y comenzamos a vislumbrar las buenas obras que Él preparó de antemano, todo en nuestra vida comienza a tener un sentido diferente. Sabemos disfrutar los tiempos de gozo y paz, pero también podemos apreciar los momentos de dificultad y presión porque entendemos que cada estación transitada es necesaria para el cumplimiento de nuestro destino profético.

Conocer tu propósito de vida no solo transforma tu caminar, sino que te cambia de posición. Atrás quedan los días en que te sentías miserable y sin rumbo, con paradigmas mentales que esclavizaban tus pies a pesadas cadenas, impidiéndote avanzar con libertad. Las viejas ropas de la autocompasión, la condenación, el temor, la desesperanza y la frustración son ahora reemplazadas por vestiduras nuevas. El Padre te ha cambiado el nombre, ha puesto un anillo en tu dedo y te está dando a conocer la esperanza a la cual te llamó y las riquezas de la gloria de su herencia para ti. ¡Qué maravillosa es la obra de su Espíritu en nosotros! Él es capaz de hacer mucho más de lo que pedimos y entendemos, porque supera nuestra imaginación y excede nuestros pensamientos. Ese poder sobrenatural que actúa en nuestras vidas produce cambios que nadie más puede hacer.

Si pudiera regresar décadas atrás y contarme a mí misma todo lo que Dios tenía planeado para los próximos años, seguramente no lo habría creído. ¿Quién hubiese pensado que esa jovencita, nacida en un pequeño pueblo y acomplejada consigo misma, algún día tocaría tantas vidas y naciones por la gracia de Dios? Puedo asegurarte que jamás imaginé que en el libro del cielo se había escrito que me convertiría en una voz profética, y que todo aquello que me aquejaba, incluso mis dolores y vergüenzas más terribles, se transformarían en el medio que Dios utilizaría para manifestar su poder. Cuando desperté a los planes que Dios tenía para mí desde el principio de los tiempos, comprendí que fui creada para algo más grande que mi propia vida. Conocí la profundidad del amor de Dios y me enamoré por completo. Desde ese momento supe que quería vivir cada día inmersa en sus planes, comprometida con sus propósitos y posicionada exactamente en el centro de su voluntad.

Saber que Dios me había elegido desde el vientre de mi madre y me había llamado para cosas grandes, me cautivó. Reconozco que siempre estuvo rodeándome y apartándome para esta vida, a pesar de que no crecí en un hogar cristiano y en los primeros años de mi infancia y juventud no tuve la oportunidad de conocerle, Él ya me había encontrado desde que fui solo un pensamiento en su mente. Hoy comparto estas experiencias porque sé de primera mano que conocer estas verdades trae una sanidad y una transformación sin precedentes. Sin embargo, comenzar a descubrir lo que Dios tenía para mi vida fue solo el inicio de un largo camino lleno de pruebas, batallas, confrontaciones, conquistas, momentos difíciles y grandes victorias. Pude comprender que cada momento de adversidad fue tomado por las manos de Dios y se ha transformado en un proceso maravilloso que ha forjado en mi vida todo lo necesario para cumplir con el propósito para el cual Dios me creó.

Si hay alguien que experimentó la persecución inmediatamente después de conocer su destino profético, fue David. Los estudiosos afirman que el tiempo transcurrido desde que fue ungido por el profeta Samuel hasta su reinado fue algo más de una década. Durante ese periodo tan duro, lleno de pruebas y batallas, lo que realmente estaba sucediendo desde la perspectiva del cielo era un valioso proceso que tenía como objetivo forjar el carácter de este vaso profético para heredar las promesas.

Es mediante el proceso de prensado que el mejor aceite brota de las olivas. Es a causa de la irritación de un grano de arena en el interior de una ostra marina que se obtienen las perlas más hermosas que adornan finas joyas, y es gracias a las altas temperaturas y la presión constante en lo profundo de la tierra que los carbones ordinarios se transforman en diamantes relucientes. ¿A quién de nosotros le gusta pasar por dolor, aflicciones y batallas? Ninguno quisiéramos atravesar incomodidades y persecuciones. Quiero darte una buena noticia: si recibiste una palabra profética o si Dios mismo te ha dado una revelación que tiene que ver con tu destino y estás experimentando pruebas y batallas, no estás a punto de morir, sino que estás en medio de un tiempo de preparación y entrenamiento que te hará apto para heredar promesas. ¡No morirás! Sino que vivirás y contarás las maravillas del Señor.

Tiempo de Preparación

Durante este tiempo de proceso, Dios mismo te acercará a tu destino, pero luego te llevará de regreso al lugar de tu preparación. Si observas lo que sucedió con el joven David, puedes notar que el Espíritu de Dios vino sobre su vida después de la unción de aceite, y casi de forma simultánea un espíritu maligno comenzó a atormentar al rey Saúl en el palacio.

> *Y Samuel tomó el cuerno del aceite, y lo ungió en medio de sus hermanos; y desde aquel día en adelante el Espíritu de Jehová vino sobre David. Se levantó luego Samuel, y se volvió a Ramá. El Espíritu de Jehová se apartó de Saúl, y le atormentaba un espíritu malo de parte de Jehová. (1 Samuel 16:13-14)*

Dios estaba detrás de todos estos sucesos que enviarían a este joven al palacio real, el lugar de su destino, primero como un adorador guerrero. No entró como rey, sino como siervo de Saúl, pues cada vez que tocaba el arpa y comenzaba a cantar, el rey hallaba sosiego de su tormento. Más tarde, vemos a David retornar al primer lugar de su preparación, el redil de ovejas, hasta que es llamado nuevamente por el rey. Esto me impacta, porque pienso que, en muchas oportunidades, Dios nos da un pequeño vislumbre de lo que ha de venir para cada uno de nosotros. Él crea conexiones, escenarios y circunstancias para acercarnos al lugar del cumplimiento y reconocer la tierra, sin embargo, nos lleva de retorno al primer lugar de preparación hasta que sea tiempo de regresar al lugar de destino. Allí, en la soledad y abandono, aprendió a amar a Dios y a depender de Él. Cada adversidad se convirtió en una oportunidad de experimentar el poder de Dios, que forjó en su interior una fe inquebrantable.

David tuvo que transitar largos años hasta sentarse en el trono de Jerusalén. Años de persecución, batallas, cuevas y peligros, pero sobre todo de espera y fe. Durante ese tiempo se levantaron distintas voces con el propósito de estorbar su camino hacia el destino profético. Mientras te decides avanzar hacia tu llamado, una de las estrategias que el enemigo utilizará serán palabras provenientes de aquellos que te rodean, es decir, las voces externas. Es mi deseo que puedas tener la madurez para reconocer que, si bien el enemigo puede usar palabras de personas a nuestro alrededor para intentar golpearnos, nuestra lucha no es con ellos. Si tienes un enfoque incorrecto o inmaduro, puedes herirte con gran facilidad, confundiendo el blanco de tu batalla y viendo a todos los que te rodean como adversarios. Este enfoque es incorrecto y está en contra de lo que Dios nos enseña en su palabra. Nuestra guerra nunca es con las personas, sino con las tinieblas que buscan utilizar cualquier recurso para dañar y entorpecer nuestro caminar.

Venciendo las Voces Externas

Quiero mostrarte a continuación algunas de las voces que David tuvo que vencer a lo largo de su vida para lograr avanzar en su propósito. Quizás logres identificar que alguna de ellas ha estado resonando en tus oídos, pero tengo la plena convicción de que la verdad te hará libre.

1. La Voz de la Desacreditación: "Tú no calificas para el llamado de Dios"

> *Entonces dijo Samuel a Isaí: ¿Son estos todos tus hijos? Y él respondió: Queda aún el menor, que apacienta las ovejas. Y dijo Samuel a Isaí: Envía por él, porque no nos sentaremos a la mesa hasta que él venga aquí. (1 Samuel 16:11)*

Isaí, padre de David, no lo tuvo en cuenta al presentar a todos sus hijos ante el profeta Samuel. A los ojos de este hombre, su hijo no calificaba ni servía para ser ungido, es decir, por un momento vio de menos a David y lo desestimó.

Muchos de nosotros hemos oído la voz de la desacreditación que nos decía que no éramos lo suficientemente aptos, preparados o calificados para caminar en el llamado de Dios para nuestras vidas. Recuerdo que, durante mis primeros años de ministerio, muchos no creían en la unción que Dios había puesto en mí al ser una joven mujer predicando la palabra y fluyendo en el ministerio profético.

No te desanimes cuando alguien te vea de menos, ni te frustres intentando demostrar quién eres a aquellos que te rodean. La manera de vencer esta voz es construyendo una identidad sana sobre lo que Dios dice que eres. No importa si nadie cree en ti, porque, para el cielo, ¡tú calificas! ¡Sigue avanzando!

2. La Voz de la Condenación: "Tu corazón no es puro, Dios aún recuerda tu pasado"

> *Y oyéndole hablar Eliab, su hermano mayor con aquellos hombres se encendió en ira contra David y dijo: ¿Para qué has descendido acá? ¿y a quién has dejado aquellas pocas ovejas en el desierto? Yo conozco tu soberbia y la malicia de tu corazón, que para ver la batalla has venido. (1 Samuel 17:28)*

El temible Goliat estaba amenazando a todo el campamento de Israel, eran días de pánico en todo el pueblo. Isaí envió a David con provisiones para sus hermanos que se encontraban enlistados en el ejército, pero al presenciar tal acontecimiento, se llenó de indignación y con una fe violenta consideró enfrentar él mismo al gigante. En ese momento, su hermano Eliab comenzó a recordarle su posición pasada y a acusarlo de soberbio y arrogante.

Cuando comienzas a hablar de lo que Dios ha puesto en ti, podrás escuchar la voz del adversario a través de muchos que te acusarán de tener un corazón soberbio y altivo. Otros, que conocen de dónde vienes, te recordarán tu pasado: "Se la pasa todo el tiempo hablando de lo que Dios le ha dado, eso es puro orgullo y vanagloria", "dice que Dios hará algo grande en su vida, pero todos conocemos su pasado y los errores terribles que cometió", "puede hablar muy bonito, pero tiene un mal corazón lleno de soberbia".

Yo digo que Dios sabe todos los "muertos" que tenemos enterrados. Él conoce nuestro pasado, el lugar de donde venimos y, aun así, decidió tomarnos en sus manos, darnos la forma correcta y encaminarnos a un destino glorioso.

3. La Voz de la Imposibilidad: "Tú no puedes lograrlo, el reto es demasiado grande para ti"

Dijo Saúl a David: No podrás tú ir contra aquel filisteo, para pelear con él; porque tú eres muchacho, y él un hombre de guerra desde su juventud. (1 Samuel 17:33)

David estaba decidido a enfrentar y matar al gigante Goliat, y para ello se presentó ante el rey Saúl para declarar su intención. Cuando Saúl escuchó esto, se indignó y comenzó a hablar de todas las limitaciones de David, haciendo un largo relato sobre el terrible escenario que le esperaba si avanzaba hacia la línea de batalla. En otras palabras, le dijo: "No puedes, no tienes la preparación necesaria, este reto es demasiado grande y no lo lograrás". Sí, era una realidad que David era un joven muchacho frente a un hombre que no solo lo doblaba en estatura y fuerza, sino también en experiencia militar. Pero desde la mirada de la fe, este joven estaba a punto de provocar un rompimiento en su destino profético, ya que sería capaz de matar a este gigante y salir de un tiempo de anonimato para ser visto por todo Israel.

¿Cuántas veces hemos compartido con otros los desafíos de fe que tenemos por delante y solo obtenemos por respuesta un "no puedes"? La primera acción de la voz de la imposibilidad es hablarte de tus debilidades, de tus limitaciones, de todo aquello que no tienes. Luego, te hablará de tu realidad, pero desde una perspectiva lógica y humana, contraria a la fe. Por muy adverso que parezca el escenario y por muy ilógico que suene aquello que Dios te ha hablado, sigue adelante.

4. La voz de la Incomprensión: "Lo que haces no es de Dios"

Pero cuando el arca del pacto de Jehová llegó a la ciudad de David, Mical, hija de Saúl, mirando por una ventana, vio al rey David que saltaba y danzaba; y lo menospreció en su corazón. (1 Crónicas 15:29)

Muchos años después, David comenzó a gobernar y una de sus directivas fue levantar una tienda donde se ministrara la presencia de Dios de continuo. Entonces envió a traer el arca del pacto a Jerusalén, un cofre de madera cubierto de oro fabricado por artesanos bajo la dirección de Moisés. Este elemento se encontraba en el lugar santísimo dentro del tabernáculo y representaba la misma gloria de Dios. Durante años estuvo extraviada y, una vez recuperada, David la envió a traer nuevamente en medio de una gran celebración. Era tanto el gozo que este hombre tenía, que la palabra dice que danzó con todas sus fuerzas por un largo trayecto. Su esposa Mical, al verlo danzar, lo menospreció porque no comprendió lo que David estaba haciendo.

A lo largo de tu caminar, Dios te encomendará tareas y te dará asignaciones que muchos no van a comprender. Lo que no se entiende tiende a ser criticado; y es así como tendrás que luchar por mantenerte firme en aquello que Dios te ha dicho, incluso cuando los que están a tu alrededor no te comprendan. Puede que recibas todo tipo de críticas y hasta te acusen de cometer locuras o herejías, pero si tienes la certeza de que estás haciendo lo que Dios te ha dicho, debes avanzar.

5. La Voz de la Amenaza: "Si continúas avanzando, te destruiré"

Y dijo el filisteo a David: ¿Soy yo perro, para que vengas a mí con palos? Y maldijo a David por sus dioses. Dijo luego el filisteo a David: Ven a mí, y daré tu carne a las aves del cielo y a las bestias del campo. (1 Samuel 17:43-44)

David estaba a punto de enfrentar al gigante, y este comenzó a intentar intimidarlo con palabras amenazantes. La voz de la amenaza representa la voz directa de Satanás sobre nuestras vidas cada vez que intentamos avanzar y conquistar nuevos retos de fe que nos catapultan a una nueva dimensión de gloria en nuestro destino profético. La voz del maligno en nuestros oídos, en ocasiones, puede sonar de esta manera: "Si sigues avanzando, destruiré tu reputación; todos se burlarán y criticarán aquello que estás haciendo", "cuando decidas avanzar en tu llamado, verás cómo se destruye tu familia. Tu matrimonio y tus hijos sufrirán las consecuencias de ello", "si aceptas este reto financiero, quedarás en la ruina. Perderás todo lo que tienes".

La voz de la amenaza viene para maldecir, atemorizar e intimidar, de modo que no confrontemos y nos regresemos a la retaguardia.

Aquel día, David derrotó a Goliat con una honda y cinco piedras. Nunca olvides que, por más terrible que sea el susurro del enemigo, Dios ha colocado en tus manos un arma de guerra que es capaz de darle un golpe letal a aquel que te está enfrentando.

Escuchando la Voz de Dios

Conocer la voz de Dios es el arma más poderosa para acallar las voces del enemigo en nuestra vida. Cuando logras conectarte con lo que el Señor está diciendo, podrás apagar todas las palabras malignas que se levantan como dardos de fuego.

El secreto de la victoria de David se encontraba en su gran dependencia de Dios. Todo lo que logró lo hizo porque desarrolló una capacidad sobrenatural de oír el palpitar del corazón de Dios y conectarse con sus pensamientos. Su vida de devoción extrema y adoración continua provocaba que los cielos estuvieran abiertos, y de esta manera recibía revelación sobre cada decisión y estrategia que debía emplear. David amaba conocer la mente de Dios. Aun en los momentos de mayor angustia y aflicción, buscaba dirección, quería saber qué es lo que Dios tenía que decir sobre algún asunto.

La palabra nos relata que David constantemente consultaba al Señor acerca de las decisiones que tenía que tomar, como, por ejemplo, el momento de salir a la guerra.

> *¿Iré contra los filisteos? ¿Los entregarás en mi mano? Y Jehová respondió a David: Ve, porque ciertamente entregaré a los filisteos en tu mano. (2 Samuel 5:19)*

Hubo algunas ocasiones en las que David no consultó o buscó el consejo de Dios, y vimos que obtuvo malos resultados por haber tomado malas decisiones.

> *Después que David hubo censado al pueblo, le pesó en su corazón; y dijo David a Jehová: Yo he pecado gravemente por haber hecho esto; más ahora, oh Jehová, te ruego que quites el pecado de tu siervo, porque yo he hecho muy neciamente. (2 Samuel 24:10)*

De forma necia censó al pueblo de Israel, cuando Dios claramente le había ordenado no hacerlo. La palabra relata que luego de arrepentirse genuinamente, Dios corrigió a David y perdonó su error.

La necedad es el atributo de aquellos que actúan con falta de sabiduría e inteligencia, caminando con ignorancia, sin discernir correctamente lo que deben o no deben hacer. Nos volvemos necios cuando procedemos en nuestro propio parecer sin primero haber buscado el consejo de Dios. ¡Cuántos dolores podríamos ahorrarnos al volvernos más dependientes de la voz del Señor!

Nunca olvides que aquel que tiene en sus manos tu diseño también conoce los pasos que debes dar, y, por lo tanto, también te dará las estrategias correctas. No puedes llegar a tu destino profético tomando tú mismo las decisiones. No serás capaz de vencer a tus adversarios si utilizas las estrategias que a ti te parecen. Lo que funcionó en el pasado no te servirá para todas las batallas que tengas que enfrentar. Muchos quedan atrapados en viejos métodos solo porque les funcionaron en su tiempo, pero nuestro Dios es un Dios de cosas nuevas. Él nunca se mueve de la misma forma y siempre tiene estrategias frescas y novedosas que desea enseñarnos. Necesitas volverte dependiente y hambriento de su voz porque no conquistarás las promesas que tiene para ti si no atiendes enteramente su dirección.

Conquistadores de Destinos

Una de las señales más claras de avance en el destino profético es la presencia de gigantes. Cuando el pueblo de Israel dividió su Tierra Prometida, su señal no fue la tierra en sí misma, sino la presencia de gigantes que la habitaban.

En el libro de Números, la escritura nos relata que Dios ordenó a Moisés enviar a doce hombres respetados entre el pueblo a inspeccionar el territorio de la promesa para comprobar que realmente Él es veraz en sus palabras. Los espías recorrieron Canaán y volvieron con reportes, pero diez de ellos trajeron malas noticias que agitaron los ánimos de toda la gente.

> *Y hablaron mal entre los hijos de Israel, de la tierra que habían reconocido, diciendo: La tierra por donde pasamos para reconocerla, es tierra que traga a sus moradores; y todo el pueblo que vimos en medio de ella son hombres de grande estatura. También vimos allí gigantes, hijos de Anac, raza de los gigantes, y éramos*

> *nosotros, a nuestro parecer, como langostas; y así les parecíamos a ellos. (Números 13:32-33)*

Imagina que Dios te otorga una palabra que llevas dentro de ti durante años, alimentándola con la esperanza de que algún día vendrá a existencia y, cuando estás a punto de recibir el cumplimiento, ves que el escenario está lleno de imposibilidades y el panorama parece contradecir rotundamente lo que creíste. Esto fue lo que les sucedió a estos hombres.

Tan fuerte fue el impacto de las palabras que hablaron los espías que las emociones de todo el pueblo fueron golpeadas con estos reportes y, nuevamente, alzaron su voz para murmurar contra Dios y socavar el liderazgo de Moisés. Esto sucedió porque, a pesar de que conocían el destino hacia el cual Dios los estaba encaminando, su mente aún era cautiva de la mentalidad de Egipto, lo que hacía que su posición siguiera siendo la de un montón de esclavos. Quien se siente de esta manera no tiene el ímpetu para levantarse contra cualquier adversidad y hacerle frente a las circunstancias difíciles. Simplemente se conforma con mirar de lejos la meta sin poder llegar nunca. Quizás estás comenzando a conocer los planes de bien que Dios trazó, pero si no permites que el Espíritu Santo renueve tu mente a través de la palabra y cambias tu posición espiritual, es difícil que puedas caminar en la plenitud de lo que Dios dijo.

> *No os conforméis a este siglo, sino transformaos por medio de la renovación de vuestro entendimiento, para que comprobéis cuál sea la buena voluntad de Dios, agradable y perfecta. (Romanos 12:2)*

He visto personas con grandes oportunidades frente a ellas, fui testigo de cómo Dios les abrió puertas extraordinarias y creó puentes maravillosos que podían conducirlas a un mañana mejor, pero no han sido capaces de tomar estas bendiciones a causa de la mentalidad estrecha y limitada que portaban. Algunos tienen todos los recursos disponibles para alcanzar la prosperidad, pero nunca logran levantarse, y existen otros que, solo con lo mínimo e indispensable, hacen proezas. ¿Has conocido gente así? El mundo está lleno de buenos ejemplos, y nuestras iglesias de igual manera. Hijos de Dios que llevan años en la misma condición, y probablemente al escucharlos hablar, notaremos un lenguaje de queja, auto conmiseración e incredulidad.

El problema no es la magnitud de la adversidad que atraviesas o el tamaño del gigante que se para frente a ti, sino la visión que tienes y cómo ves la realidad. La visión está sustentada por los pensamientos que configuran la estructura de la mente, y estos pensamientos determinan nuestra voluntad, y ella, nuestras acciones. Proverbios dice que el hombre es el reflejo de los pensamientos que guarda en su corazón (Prov. 23:7). Es decir, que avanzarás y prosperarás hasta donde tu mentalidad y visión te lo permitan, no con base en las oportunidades que tuviste, las buenas o malas jugadas de la vida, o lo que las circunstancias determinen. Recuerda que en Cristo Jesús nuestra posición ha cambiado y somos acreedores de todos sus beneficios ilimitados: sanidad, libertad, prosperidad, abundancia, restauración y un sinfín de buenas dádivas. Sin embargo, debes someterte a un cambio de mentalidad y recibir una nueva visión para disfrutar de la vida abundante.

De aquel grupo de hombres, solo dos tuvieron la visión correcta, porque la escritura dice que un espíritu diferente reposaba sobre sus vidas.

> *Y Josué hijo de Nun y Caleb hijo de Jefone, que eran de los que habían reconocido la tierra, rompieron sus vestidos, y hablaron a toda la congregación de los hijos de Israel, diciendo: La tierra por donde pasamos para reconocerla, es tierra en gran manera buena. Si Jehová se agradare de nosotros, él nos llevará a esta tierra, y nos la entregará; tierra que fluye leche y miel. Por tanto, no seáis rebeldes contra Jehová, ni temáis al pueblo de esta tierra; porque nosotros los comeremos como pan; su amparo se ha apartado de ellos, y con nosotros está Jehová; no los temáis... Pero a mi siervo Caleb, **por cuanto hubo en él otro espíritu**, y decidió ir en pos*

de mí, yo le meteré en la tierra donde entró, y su descendencia la tendrá en posesión. (Números 14:6–9, 24)

Es mi deseo que Dios pueda decir de cada uno de nosotros: "Verdaderamente son la generación de un espíritu diferente". Donde muchos ven derrota, enfermedad, fracaso y destrucción, aquellos que tienen un ADN espiritual conquistador saben que es hora de levantarse con poder y marchar hacia adelante sin temor a tomar el terreno que Dios les ha entregado.

Hebrón: La Llave de tu Destino

Las Escrituras relatan en el libro de Josué que el pueblo de Israel logró tomar Canaán luego de una larga travesía llena de batallas y conquistas:

Esto, pues, es lo que los hijos de Israel tomaron por heredad en la tierra de Canaán, lo cual les repartieron el sacerdote Eleazar, Josué hijo de Nun, y los cabezas de los padres de las tribus de los hijos de Israel. (Josué 14:1)

Encontramos que, en esta toma de territorios, Hebrón fue una de las primeras porciones de tierra que se entregaron por heredad a los hijos de Dios, según las Escrituras. Al enviar Moisés a los doce espías a reconocer la tierra, solo Josué y Caleb trajeron buenos reportes al regresar de su misión. Por la fe de estos hombres, Dios envió palabra a su siervo Moisés, quien se comprometió delante de todo el pueblo a entregarle una porción de tierra por heredad. Por cuanto había en Caleb un espíritu diferente, Jehová responde con promesa y bendición de lo alto.

Una de las cosas que más me asombran al meditar en estos sucesos es ver a Caleb esperar más de cuarenta años para el cumplimiento de la promesa. A la edad de ochenta y cinco años, pronuncia las siguientes palabras:

Todavía estoy tan fuerte como el día que Moisés me envió; cual era mi fuerza entonces, tal es ahora mi fuerza para la guerra, y para salir y para entrar. (Josué 14:12)

Había una fuerza, un vigor y una dinamita en el espíritu de este hombre. No importaba si su exterior se desgastaba por el paso del tiempo, porque las fuerzas sobrenaturales de Dios le sostenían de una manera sorprendente y traían refrigerio a todos sus huesos. Su agilidad, fortaleza física y velocidad para la batalla ahora eran dirigidas por la sabiduría y el discernimiento que había adquirido como fruto de la madurez del paso de los años y las experiencias vividas en el campo de batalla. ¡Amo esto!

Yo puedo recordar mis comienzos en el Señor y ver cuánto ímpetu y osadía había en mi interior desde ese momento. Dios me había hecho como un caballo de guerra, lista para enfrentar todo tipo de batallas. Portaba la fuerza de la juventud, una pasión que me mantenía ardiendo y una fe violenta para arremeter contra todo obstáculo. Recuerdo las largas jornadas de vigilias, los ayunos prolongados, los tiempos de intercesión donde podíamos estar horas y horas sumergidos en el espíritu y los retos de fe en los que el Señor nos metía: caminatas de oración, actos proféticos en las montañas y en los ríos, entre otros. ¡Estábamos apasionados y llenos de fuerza! Muchos nos creían locos. Le doy gracias a Dios por la generación que ha sido formada en medio de estos tiempos.

Años más tarde, reconozco que el paso del tiempo ha afectado mi cuerpo, como parte de un proceso natural al que todos estamos sometidos. Sin embargo, siento la misma pasión y el mismo ímpetu, pero también una valiosa madurez que es como el precioso fruto de mis procesos más terribles. Es como el oro que Dios ha forjado en medio de mis pruebas y padecimientos. Siento la fuerza del Espíritu de Dios bullir dentro de mí, pero también reconozco una sabiduría que no es natural, sino que proviene de lo alto, para saber cuándo entrar al campo de batalla y cuándo salir de él para esconderme bajo las alas del Todopoderoso, para que mi alma repose tranquilamente. Ya no soy la misma. Aquellos que me conocieron en mis inicios hoy vuelven a verme luego de estos años y encuentran que algo en mí ha cambiado. Mi esencia sigue siendo la misma y se encuentra ahí dentro, pero ahora está contenida dentro de un vaso maduro y procesado. ¡Alabado sea Dios!

Algunos se lamentan por el paso de los años y miran hacia atrás con nostalgia. Se duelen por oportunidades perdidas, por años desperdiciados, y lloran sobre todas aquellas cosas que no sucedieron en el tiempo humanamente correcto. Pero yo vengo a anunciarte que no importa cuántos años tengas, nunca es tarde para que recibas por heredad la tierra que Dios te ha prometido. Si hay aliento de vida en ti es porque aún estás a tiempo de hacer puntería en tu destino profético.

Es en la edad de la madurez y la sabiduría que Caleb recibe Hebrón por heredad. Me gusta pensar en Hebrón como una llave que abrió la puerta hacia el cumplimiento de la promesa para todo un pueblo al tomar una vasta extensión de territorio.

Hay un dato trascendental en la Palabra, que no es de menor importancia. Es en esta región de Hebrón donde el patriarca Abraham sepultó los huesos de Sara, su esposa, y halló allí lugar para su sepultura también:

Después de esto sepultó Abraham a Sara su mujer en la cueva de la heredad de Macpela al oriente de Mamre, que es Hebrón, en la tierra de Canaán. Y quedó la heredad y la cueva que en ella había, de Abraham, como una posesión para sepultura, recibida de los hijos de Het. (Génesis 23:19-20)

Esta tierra era la tierra de la herencia y el cumplimiento, pero fue también la tierra donde la semilla de la promesa había sido enterrada. Todo comenzó con un hombre, Abraham. A él se le prometió una descendencia tan extensa como las estrellas en el firmamento y la arena del mar, así como una tierra donde habitar. En el mismo lugar del cumplimiento estaba sepultada la semilla humana de la promesa. Aunque esas promesas no quedaron allí, estuvieron durante muchos años bajo tierra.

El enemigo siempre intentará enterrar las promesas de nuestro destino. Buscará la manera de sepultar las palabras que Dios soltó sobre nuestras vidas. Sin embargo, Dios sabe cómo hacernos retornar al sendero del cumplimiento y traer a existencia todo lo que está en lo profundo de la tierra, que parecía estar muerto y olvidado.

Hay algo poderoso en el significado de la palabra Hebrón. Hebrón es traducido como pacto, amistad o ligar. ¡Qué revelación tan profunda contiene esto! Antes de llevarte al cumplimiento de tu destino profético y que puedas poseer tu Tierra Prometida, Dios te introducirá en un Hebrón espiritual para desenterrar toda promesa olvidada.

En Hebrón entrarás en pacto, en asociación y en amistad con el hacedor de tus promesas. Hay tres conceptos que quiero entregarte, que suceden dentro de esta estación, según el significado de la palabra Hebrón:

1. **Ligar:** Te comprometes a ligar tus planes con los planes de Dios.

2. **Pacto:** Entras en acuerdo y asociación profunda con el Señor en todos los aspectos de tu vida.

3. **Amistad:** Fortaleces tu vínculo con Dios y te rindes a su perfecta voluntad. Decides no altercar, sino caminar en un amor obediente en los asuntos del Padre celestial.

El Señor desea introducirte en un Hebrón espiritual antes de traer a existencia todas las promesas que te ha hecho. Él desea entrar en amistad contigo y establecer un profundo pacto basado en el amor. Es allí donde entiendes que esa voluntad buena, agradable y perfecta que ha trazado para tu vida es el mejor plan para ti. El Espíritu Santo abrirá un espacio para que puedas encontrarte con el escritor de tu destino y comenzar a ver todo lo que él escribió para ti. Mientras permites que su voz te lea cada página escrita, vendrán a memoria promesas que habían quedado sepultadas bajo capas de pruebas y adversidades. Aun aquellas cosas que tu mente natural no es capaz de recordar serán traídas al presente nuevamente por el poder de Dios, no para ilusionarte o llenar tu corazón de dolor, sino para que te llenes nuevamente de esperanza y fe. Hebrón es el lugar donde volverás a desenterrar todas las palabras proféticas que recibiste a lo largo de tu vida y las volverás a abrazar con toda tu fuerza.

Este sitio también es un sitio de quebranto. Quebranto de tu voluntad y de tus propios deseos y aspiraciones. Al decidir ya no pelear con Dios, estás eligiendo dejar de cuestionarle. Ya no le preguntarás: "¿Por qué me hiciste así?", "¿Por qué permitiste estos acontecimientos en mi vida?", "¿Por qué me diste esta familia?", "¿Por qué no me hiciste con la gracia que tiene otro hermano?", "Yo no quiero este diseño para mí". ¿Verdad que muchos de nosotros hemos pasado por esto? Cuestionando a Dios y peleando con Él porque no hacía las cosas como a nosotros nos parecía que debían hacerse. Hemos llorado y preguntado tantas veces por qué las cosas no son diferentes, pero en el momento que viene la revelación de destino profético a nuestra vida y somos introducidos en Hebrón, decidimos dejar todas estas preguntas y argumentos para abrazar su perfecto plan.

Confrontando los Gigantes

Al entrar a Hebrón, Caleb se enfrentó a un grupo de gigantes que habitaban esas tierras. La conquista en aquellos días no fue fácil, pero Dios estaba comprometido a cumplir su promesa a Caleb y a toda su descendencia.

> *Mas a Caleb hijo de Jefone dio su parte entre los hijos de Judá, conforme al mandamiento de Jehová a Josué; la ciudad de Quiriat-arba padre de Anac, que es Hebrón. Y Caleb echó de allí a los tres hijos de Anac, a Sesai, Ahimán y Talmai, hijos de Anac. (Josué 15:13-14)*

Hebrón estaba ocupada por los descendientes de Anac, tres gigantes cuyos nombres, según las Escrituras, revelan un profundo significado sobre su naturaleza y forma de actuar. Aunque no enfrentamos gigantes físicos en nuestros días, todos nos enfrentamos a gigantes espirituales que, al igual que en tiempos de Caleb, ocupan nuestras tierras y deben ser desalojados.

A continuación, describo cómo estos tres gigantes físicos de la antigüedad se manifiestan hoy en nuestras vidas como entidades espirituales, y cómo debemos confrontarlos y desalojarlos para avanzar en nuestra conquista:

1. Ahimán: Su Nombre Significa "Hermano del Hombre"

El propósito de este gigante es bloquear los planes y propósitos santos de Dios a través de un bloqueo en el área relacional. Un bloqueo consiste en realizar operaciones, especialmente militares, con el objetivo de cortar las comunicaciones de una plaza, puerto, territorio o ejército. Este espíritu intenta bloquear áreas de nuestro corazón mediante decepciones, deshonra, malos entendidos, murmuración y heridas emocionales. Daña el área de las relaciones y bloquea nuestro espíritu cuando cerramos el corazón.

Existen conexiones y relaciones de reino clave para el desarrollo de nuestro destino profético, que pueden abrir puertas hacia nuestro propósito de vida. Este gigante bloquea esas puertas dañando relaciones estratégicas o relaciones de pacto. Aunque las puertas no quedan totalmente cerradas, pueden permanecer bloqueadas por largos periodos desde el momento en que decidimos cerrarnos y aislarnos.

Expresiones como, "nunca más volveré a abrir mi corazón, porque me han dañado demasiado en el pasado", o "no volveré a intentar restaurar las relaciones porque me han decepcionado" son comunes en nuestras iglesias. Hay relaciones de pacto tan estratégicas para el reino de Dios que Satanás intentará bloquear por todos los medios para estorbar los planes del Señor. Hebrón es un lugar de amistad, pero Ahimán es el bloqueador de los pactos.

2. Sesai: Su Nombre Significa "Blanqueador"

Un blanqueador es una persona que blanquea paredes con cal u otra sustancia similar. Este enemigo sutilmente induce a un espíritu de religiosidad, tratando de blanquear o maquillar con apariencias para esconder la verdadera condición. La religiosidad se centra en las acciones superficiales y opera con un espíritu de control, imponiendo disciplinas y castigos e induciendo al temor. Puede que las personas se sientan bien cumpliendo las normas de la religiosidad inicialmente, pero esta conformidad es temporal, pues el hombre es incapaz de transformar su corazón por sus propias fuerzas.

Un religioso aparenta lo que no vive, solo camina para exhibir una máscara. Es incapaz de pedir ayuda porque le avergüenza reconocer su condición, está pendiente del "qué dirán" y evade conectarse con su realidad para solucionarla. Para esta persona, es más sencillo maquillarse que ser auténtico.

¿Cuántas personas en nuestras iglesias viven duros conflictos, pero en vez de buscar ayuda, caminan aparentando porque se avergüenzan de su situación? Este gigante susurra al oído palabras como: "Cuídate de que la gente no te vea herido", o "eres un líder, ¿qué van a decir si conocen tu condición?" Cuando hombres de Dios son golpeados y bloqueados, la solución más rápida es blanquear las manchas en sus corazones. Imitan formas de hablar, de vestir, hacen lo que otros ministros conocidos hacen, y tratan de controlar.

Este gigante intentará por todos los medios que caigas en la religiosidad y comiences a torcer tu verdadero destino profético.

3. Talmai: Significa "Aumento" o "Acumulador"

Este gigante opera a través de la distracción. Su objetivo es mantener ocupados a los hijos de Dios para que no se ocupen de su propósito divino. Induce a que solo pienses en ti mismo, en tu confort y comodidad, llevando una vida activista. Muchas veces la motivación de tanta actividad es olvidar y desconectar de un golpe del pasado, ahogando el dolor, la ansiedad o la tristeza con proyectos personales.

Construir nuestros propios reinos nos aleja y nos desenfoca totalmente del destino profético. Estamos llamados a construir el reino de Dios, no nuestros castillos. Esto no significa que Dios esté en contra de nuestro avance y desarrollo personal; de hecho, todo en nuestra vida está enlazado con nuestro destino profético. El verdadero problema reside en invertir todas nuestras fuerzas en nuestros propios planes, olvidando que Dios tiene un designio para nosotros.

Estos tres gigantes representan tres tipos de fortalezas mentales con las que lucharemos y que debemos desalojar en nuestro Hebrón espiritual. Estos enemigos atacan la mente con tres patrones cíclicos: bloquear (no te abras más), maquillar (protégete) y acumular para ti mismo (olvida y no enfrentes). Todos estos patrones temáticos provocan que tu mente se estanque en un espiral de preguntas. Para desalojar a estos gigantes, debes decidir quebrantar toda fortaleza, romper todo ciclo, acallar las voces que quieren detener tu avance y cambiar tu lenguaje. Dios te ha dotado de poderosas armas espirituales: tienes su palabra escrita, la palabra profética más segura; la oración y la alabanza en tu boca; con las que puedes quebrantar todo dardo maligno y hacer retroceder a tus adversarios.

> *Porque las armas de nuestra milicia no son carnales, sino poderosas en Dios para la destrucción de fortalezas, derribando argumentos y toda altivez que se levanta contra el conocimiento de Dios, y llevando cautivo todo pensamiento a la obediencia a Cristo.*
> *(2 Corintios 10:4-5)*

¡Deseo que recibas en este momento una impartición en tu espíritu, para que seas capaz de irrumpir en tu destino profético!

Violencia Espiritual

Irrumpir está relacionado con surgir con ímpetu o ingresar repentinamente. Irrumpir es entrar con violencia a un lugar. La violencia del espíritu está ligada a la valentía y la osadía, a la capacidad de arrebatar algo y al impulso de avanzar contra todo obstáculo. Hay un pasaje en la palabra que nos habla precisamente de esto.

Desde los días de Juan el Bautista hasta ahora, el reino de los cielos sufre violencia, y los violentos lo arrebatan. (Mateo 11:12)

El reino de los cielos no es estático ni pasivo, es dinámico y está en continuo movimiento. En todo momento suceden cosas en los aires que no alcanzamos a discernir completamente, o de las que no somos del todo conscientes porque nuestros ojos espirituales no están totalmente abiertos. Estoy segura de que, si Dios hiciera visible lo que sucede en el mundo invisible por un día, estaríamos completamente sorprendidos e impactados por lo que acontece a diario.

Aunque pertenecemos al reino de la luz y somos hijos redimidos por la sangre del Cordero con una nueva naturaleza victoriosa, vivimos en un mundo caído, sujeto a la corrupción del reino de las tinieblas que opera en él. El príncipe de este mundo todavía ejerce dominio a través de diferentes entidades espirituales que cooperan con él para destruir todo lo que Dios ha creado. Con esta verdad, quiero abrir tu mirada hacia una realidad que no debes ignorar: estamos inmersos en una confrontación continua entre dos reinos espirituales que buscan establecer su gobierno, el reino de la luz y el reino de la oscuridad.

Cada hijo e hija que nace de nuevo es despertado y regenerado para caminar en los planes maravillosos que Dios preparó de antemano. Pero también es reclutado para participar en una guerra espiritual violenta que se desarrolla día a día. Ya sea que te consideres protagonista o no, debes saber que estás en medio de un conflicto, y desde el momento que le dices que sí a los planes de Dios te conviertes en una amenaza para Satanás y un blanco para sus artimañas. El enemigo de tu alma no descansará ni te hará el camino fácil; tratará por todos los medios de apartarte de la carrera y hacer que abortes el diseño original.

Conozco muchos cristianos que, al hablarles de guerra espiritual, comienzan a temblar de miedo y algunos dicen: "La guerra espiritual no es lo mío, yo prefiero la adoración", "A mí no me hablen de confrontación porque no me gusta entrar en esos temas", "Si yo no me meto con el enemigo, él no me molestará". Lo único que yo sé es que, en Dios, los más temerosos y débiles se transforman en los generales de guerra más impetuosos, que hacen temblar al enemigo. Amo ver a los valientes despertar y me gozo en ser un instrumento de activación para las tropas del ejército del cielo aquí en la tierra.

Quienes han caminado conmigo, y aquellos que he tenido el privilegio de formar como una madre espiritual, saben a lo que me refiero. Disfruto entrenar personas, y por la gracia de Dios puedo decir que mi hogar se ha transformado en un campamento en las últimas décadas, donde vasos de destino han llegado para recibir amor, cuidado, guía y formación. Dios me ha dado la sabiduría para entrenarlos de acuerdo con el nivel que pueden asimilar y sobrellevar. Como madre entendida, sé cuándo mis hijos están listos para ser cambiados de vestidura y portar armas más pesadas. Sé cuándo están preparados para ir a la guerra, porque los he visto ejercitarse en medio de sus propias batallas. Todos los que han pasado por este campamento salen como guerreros listos para arrebatarle a Satanás todo lo que les pertenece y plantar la bandera de Jehová en todo lugar que pisen.

Tu participación en esta confrontación es inminente, quieras o no, estás en medio de un conflicto espiritual. Ahora bien, tu decisión será qué posición tomarás ahora que conoces esta verdad: o te quedas en la pasividad, esquivando flechas y sufriendo constantemente los ataques de tu adversario, viendo cómo te roba oportunidades y se mete en tu territorio para destruirlo todo, o te levantas con la autoridad de Jesucristo y arremetes con violencia para salir en victoria de cualquier embate.

Los pasivos desean mucho, pero casi nunca logran alcanzar algo en esta vida. Solo se conforman con que un día irán al cielo, pero su estadía en la tierra es de verdadera derrota. Por esta razón, la palabra nos habla de que solo los violentos arrebatan las bendiciones disponibles en el reino de Dios.

La violencia a la que se refiere la escritura no tiene que ver con la prepotencia y la soberbia, o con imponerse sobre otros y querer llegar a la meta a como dé lugar, sino con un espíritu atrevido y osado para creer en la autoridad que Dios nos ha dado, en el poder que nos otorga el Espíritu Santo y en la veracidad de la palabra que ha salido de la boca del Señor.

Una persona violenta en el Espíritu es aquella que, aunque esté pasando por una prueba financiera y sepa que la cuenta de su banco está en rojo, sigue sembrando en el Reino porque sabe que su destino no es la miseria, sino que las semillas darán fruto al ciento por uno y se levantará con más prosperidad que antes. Su estado postrero será mejor que el primero, porque está escrito que no hay justo desamparado ni su simiente que mendigue pan.

Una persona violenta en el Espíritu es aquella que ha recibido un mal diagnóstico médico, pero decide creer en Jehová Rapha y levantarse de la cama de la depresión, la tristeza y la autocompasión para abrazar el privilegio de la vida cada día. Es aquella que, aunque siente dolor en su cuerpo, elige creer que el gozo del Señor es su fortaleza y que los días de su vida están escritos en el libro del cielo. Aunque la sombra de muerte pase cerca, si todavía hay sueños y palabras que no se han cumplido, nada está terminado.

Una persona violenta en el Espíritu es quien elige seguir abrazando su asignación ministerial a pesar de las confrontaciones, las polémicas y las traiciones en el camino. Es de las que, aunque parezca que las puertas se cierran, sigue creyendo con todo su corazón que perpetuo es el llamamiento e irrevocables los dones.

La violencia en el Espíritu es muy diferente a la violencia que el mundo conoce. Mientras que el sistema te incita a pasar por encima de todos sin importar qué tengas que hacer en el camino, la violencia espiritual quita tu mirada de la carne y la sangre, y la coloca hacia los principados y potestades que te están haciendo frente. Fija tus ojos en el centro del conflicto y no solo ves al enemigo gestando estrategias, sino que también puedes observar a los cientos de millares de ángeles, esperando la orden para ejecutar sentencia y escoltarte hacia la victoria. ¡Qué maravilloso es ver los movimientos que Dios hace a nuestro favor! Justo cuando parece que la boca del león está próxima a apresarnos, viene un de repente del cielo y los ángeles guerreros batallan por nosotros. No solo nos levantan los brazos, sino que nos dan el privilegio de cortarle la cabeza a aquel que nos aflige día y noche. ¡Alabado sea el nombre de Jehová Tsebaoth, el Señor de los ejércitos!

He visto esta escena muchas veces. En medio de los tiempos de padecimiento físico, cuando parece que estoy por llegar a mi punto máximo de resistencia, mis ojos espirituales se abren y veo mi cuarto lleno de una presencia angelical tremenda. Ellos son los vigilantes que cuidan mi descanso, que batallan en el segundo cielo para que tenga revelación de lo que viene, que abren un hueco en el cielo para que los mensajes del corazón de Dios me encuentren, que toman en sus manos mi clamor y lo presentan delante del trono de la gracia, y que se unen a la adoración que brota dentro de mí. En estos años, pude apreciar cómo cooperan conmigo de una manera sorprendente, y estoy segura de que de igual manera lo harán contigo si aceptas su ayuda en medio de tus batallas.

Encuentra tu Destino Profético

Al concluir este viaje a través de las páginas de *Destino Profético*, te invito a embarcarte en la búsqueda más apasionante de todas: conocer y seguir el plan de Dios para tu vida. Cada capítulo ha sido un llamado a descubrir la profundidad y magnitud de Su propósito para ti, y ahora, es el momento de poner en práctica lo aprendido.

La revelación de tu destino profético no es un final, sino un comienzo. Dios te ha dotado con un llamado específico, pero a medida que avanzas, encontrarás desafíos y oposiciones. Recuerda siempre que estos obstáculos no son para detenerte, sino para fortalecerte y acercarte más a Él. Satanás intentará frustrar tus pasos, pero Dios ha prometido estar contigo, guiándote y dándote la victoria en cada batalla.

Dedica tiempo a la oración ferviente y a la meditación en la Palabra de Dios. Es en esos momentos íntimos con Él donde recibirás la dirección y la fortaleza necesarias para avanzar. No subestimes el poder de una vida entregada a la búsqueda de su presencia, es allí donde se forjan los grandes destinos.

Recuerda también que no estás solo en este camino. Dios ha puesto personas a tu lado para que te acompañen. Rodéate de personas que compartan tu pasión por Dios y que te impulsen hacia adelante. Juntos, podrán enfrentar cualquier adversidad y celebrar las victorias que Dios les conceda.

Cada obstáculo que encuentres, cada momento de duda o de lucha, son oportunidades para que Dios muestre Su poder y fidelidad en tu vida. No te desanimes cuando enfrentes dificultades, en lugar de eso, confía en que Dios está utilizando cada circunstancia para moldearte y prepararte para el cumplimiento de tu destino profético.

No permitas que el temor o la incertidumbre te detengan. Abraza con valentía el futuro que Dios ha trazado para ti. Vive con la certeza de que Él está contigo, guiándote y sustentándote en cada paso del camino. Y sobre todo, mantén tus ojos fijos en Jesús, en cualquier circunstancia.

Este libro ha sido solo el comienzo de una aventura continua y emocionante hacia el cumplimiento de tu destino profético. Que encuentres en Dios todo lo que necesitas para vencer y avanzar, y que tu vida sea un reflejo glorioso de Su amor y poder.

Mi oración es que Dios abra el libro donde está escrito tu *Destino Profético* y traiga revelación sobre tu vida.

Sobre Nerea de Osorto

Nerea de Osorto es una destacada voz profética de esta generación, reconocida en su país y en diversos países de Latinoamérica, Estados Unidos y Europa. Junto a su esposo Emigdio Osorto, es cofundadora del Ministerio Tsebaoth y directora de la Escuela Nido de Águilas, donde se dedica a equipar y activar al cuerpo de Cristo a través de entrenamientos en adoración, intercesión, sanidad interior, liberación y guerra espiritual. Entre estos entrenamientos destacan el Entrenamiento Profético Intensivo (EPI) y la Escuela de Liberación y Rompimiento.

Apasionada por la manifestación de la voz y la presencia de Dios en las naciones, Nerea ha levantado y participado en numerosos altares de adoración tanto a nivel nacional como internacional.

Es autora de los libros *Ropas Dobles*, *Despertar Profético* y *Destino Profético*. Su ministerio ha sido una fuente de inspiración y transformación para muchos, destacándose por su unción profética y su dedicación a la expansión del Reino de Dios.

Puedes encontrarla en redes sociales como @nereadeosorto.